C·H·Beck
PAPERBACK

2003 war Prinz Philip auf Staatsbesuch in Nigeria. Der Präsident empfing ihn in der Nationaltracht des Landes, einer aufwändig bestickten Robe mit langen, weiten Ärmeln. Philip aber konstatierte nur: «Sie sehen aus, als wollten Sie schon ins Bett!» Zigtausende Termine im Dienst der Monarchie hat der Herzog von Edinburgh in seinem langen Leben absolviert. Genug Gelegenheit also, die hohe Kunst, meist das Falsche zu sagen, zu hegen und zu pflegen. Verschont hat der Gemahl der Queen mit seinem ungeschützten Humor jenseits aller Korrektheit weder sich noch die Großen und Mächtigen der Welt. Sich selbst hat er einmal als den «erfahrensten Gedenktafel-Enthüller aller Zeiten» bezeichnet. Seine Freimütigkeit abseits des royalen Protokolls hat ihn zu einem Sympathieträger gemacht, dessen Abschied aus dem öffentlichen Leben im Sommer 2017 die Welt mit Wehmut aufgenommen hat. Höchste Zeit für eine Hommage an den ungekrönten König des diplomatischen Fehltritts!

Rory Scarfe ist Literaturagent und arbeitet in London. Er hat diverse Bücher verfasst, darunter *Will and Kate's Big Fat Gypsy Wedding*, das er zusammen mit seinem Bruder geschrieben hat.

Peter Littger ist ein genauer Kenner der Briten und der englischen Sprache. Er ist Autor des Buches *The devil lies in the detail – Lustiges und Lehrreiches über unsere Lieblingsfremdsprache*, das viele Wochen die Bestsellerliste anführte. 2017 erschien die zweite Folge.

Rory Scarfe

Royally Incorrect

Die besten Sprüche von Philip, Prinz Fettnapf

Aus dem Englischen von Christoph Bausum

C.H.Beck

Die Originalausgabe dieses Buches erschien auf Englisch unter dem Titel:
Do You Still Throw Spears at Each Other. 90 Years of Glorious Gaffes from the Duke

Published by arrangement with Simon & Schuster UK Ltd., London WC1X 8HB, England

Mit 26 Abbildungen

Für die deutsche Ausgabe:

Satz: Fotosatz Amann, Memmingen
Druck und Bindung: Druckerei C.H.Beck, Nördlingen
Umschlaggestaltung: Geviert, Grafik und Typografie, Christian Otto
Umschlagabbildung: Prinz Philip, März 2008, © Jörg Carstensen/picture-alliance; Shutterstock
Dieses Werk wurde vermittelt durch die Literarische Agentur Thomas Schlück GmbH, 30827 Garbsen
Printed in Germany
ISBN 978 3 406 71828 1

www.chbeck.de

Inhalt

Der Hofnarr

Ein Vorwort von Peter Littger

Ein reicher Mann, der alles hat, macht vorlaute Witze. Ein armer Mann, der nichts zu verlieren hat, macht sie auch. Es ist ein glänzender Zufall der Geschichte, dass beide Männer in einer Person zusammengefunden haben. Bühne frei für die Hauptfigur dieses Buches: einen außerordentlich vorlauten Mann, der dafür berühmt ist, seine Frau «Kohlkopf» zu rufen, während er für sich selbst nie viel mehr übrig hatte als Beschreibungen wie «Flüchtling», «Amöbe», «Stänkerer». Oder in den letzten Jahren auch «erfahrenster Gedenktafel-Enthüller aller Zeiten» – «the world's most experienced plaque unveiler».

Wo immer Prinz Philip, Herzog von Edinburgh (gesprochen: «Eddin-bra») aufgetreten ist, durften die Untertanen mit flotten Sprüchen, großen Frechheiten und kleinen Anzüglichkeiten rechnen. Regelmäßig ist er in seinem langen Leben in genauso viele Fettnäpfchen getreten, wie ihm herrliche Pointen gelungen sind. Und weil er weder jemals Macht besaß noch in irgendeiner anderen Weise von der Verfassung mit Bedeutung bekleidet wurde, hat er in vielen Menschen geradezu den heimlichen Wunsch erregt, er möge sich nicht ans Protokoll halten, das der Hofstaat seiner Frau auferlegt hat. So entstand eine Arbeitsteilung, an die sich das Volk früh gewöhnt hat: Königin Elizabeth II. ist die Mutter, ihr Prinzgemahl der Flegel der Nation.

Ein Schuft, wer Böses dabei denkt, dass dieser Scherzkeks ausgerechnet auf dem Beifahrersitz der englischen Krone Platz genommen hat. Schon seit langem frage ich mich, ob vielleicht die Vita des am 10. Juni 1921 auf der Insel Korfu als Prinz von Griechenland Geborenen Hinweise darauf offenbart, wie er zu dieser Überfigur der Situationskomik, des Spotts, der Zoten und sogar der Majestätsbeleidigung werden konnte. Was mir von vorneherein offensichtlich erscheint, sind seine andauernden Gratwanderungen: zwischen Plumpheit und Scharfsinn, zwischen Kalauern, Sottisen und bestechenden Weisheiten. Seine eigene Frau bekam seine Flapsigkeit sogar am 2. Juni 1953 zu spüren: am großen Tag ihrer Krönung. Die Szene soll sich im Palast zugetragen haben, als der Fotograf Cecil Beaton an seiner Kamera fummelte, während die frisch gekrönte Regentin die Last der Krone des heiligen Edward auf ihrem Kopf spürte. Plötzlich musste sie im Beisein Dritter auch noch die Neckerei ihres Mannes ertragen: «Woher hast du denn diesen Hut?»

Die Sticheleien, die in über sechs Jahrzehnten folgten, hat Martin Charteris, ein Privatsekretär der Königin, einmal damit entschuldigt, Philip sei der einzige Mensch auf Erden, der mit und über Elizabeth reden könne, als sei sie eine ganz gewöhnliche Person. Auf die meisten Briten, die sich nach familiärer Ungezwungenheit sehnen, muss allein schon diese Feststellung sympathisch und beruhigend gewirkt haben. Schließlich gab sie ihnen die Gewissheit, dass trotz aller auserwählten Andersartigkeit echte Menschen an der Spitze des Staates stehen.

Dass sich Philip darüber hinaus mit Frauen auszukennen scheint, wusste das Volk ebenfalls zu schätzen – solange nur keine schlüpfrigen Details an die Öffentlichkeit drangen. Dafür teilte Philip gerne kleine Lebensweisheiten wie diese: «Wenn ein Mann seiner Frau die Autotür öffnet, kann das zweierlei bedeuten: Entweder es ist eine neue Frau oder ein neues Auto.» Noch weiser klang die Generalklausel, die er einmal verkündete, um alle Gerüchte über Frauengeschichten für null und nichtig zu erklären: «Wie kann ich der Königin je untreu werden? Sie könnte doch nie mit gleicher Münze zurückzahlen.»

Wir werden wohl niemals erfahren, welche Provokationen die Monarchin seitens ihres Gatten wirklich getroffen haben. Doch sicherheitshalber hat sich Philip 1997 für alles, was bis dahin war, wenigstens ein bisschen entschuldigt. Über den Erfolg seiner Ehe erklärte er: «Toleranz ist eine wesentliche Zutat … und Sie können mir glauben, die Queen verfügt über Toleranz im Überfluss.» Aufmerksame Lauscher haben berichtet, dass Ihre, oder besser gesagt: seine Majestät darüber hinaus ein Notfallrepertoire von genau zwei Sätzen besitzt, um ihrem Prinzen die Grenzen ihrer Toleranz aufzuzeigen: «Halt den Mund.» Und: «Komm mal mit. Ich zeig dir was.»

Ganz egal, wie «not amused» oder vielleicht doch amüsiert die Königin zuweilen gewesen ist – für die Briten gilt, dass sie verbale Schnitzer lieben. Oder sollen wir sie «Ausrutscher» nennen? «Patzer»? Tritte ins «Fettnäpfchen»? «Fauxpas»? Im Deutschen haben diese Begriffe oft einen abwertenden Unterton, im Sinne einer Geschmacklosigkeit. Für den britischen Geschmack hingegen können die «quips» und «solecisms», die «slips» und «gaffes», «blunders», «bloopers» oder «clangers» so daneben wie geistreich sein. Es sind die Momente, in denen wir Deutschen uns das Maul verbrennen, während die Briten nur den Fuß in den Mund nehmen – und ihn danach einfach wieder rausziehen können: «He puts his foot in his mouth», sagen sie. Oder ganz einfach: «He puts his foot in it.» Der Begriff, den Philip selbst 1960 dafür geprägt haben soll: «dontopedalogy».

Genau dies ist Voraussetzung des skurrilen britischen Humors: dass man sich so sarkastisch und augenzwinkernd über andere äußert, wie man dazu auch in eigener Angelegenheit bereit sein sollte, selbst wenn die Selbstironie in Selbstzerfleischung mündet. Im Englischen wird das als «self-deprecation» beschrieben: sich selbst klein machen zu können, während man zugleich über die Welt und die Menschheit herzieht. 1988 formulierte Philip ein Musterbeispiel: «Falls ich wiedergeboren werde, würde ich gerne als tödliches Virus erscheinen, um etwas zur Bewältigung der Überbevölkerung beizutragen.»

Aus dem Fernsehen kennen wir diesen Humor seit Jahrzehnten: von Freddie Frinton als James in *Dinner for One* (einer Sendung, die bekanntlich kaum ein Brite kennt), von Rowan Atkinson als Mr Bean (selbst wenn er meistens nur Gesten sprechen lässt), von John Cleese als Basil Fawlty im schäbigen Hotel *Fawlty Towers* oder mit seinen Kollegen in den vielen Filmen von Monty Python. Oder denken wir an Stephen Fry, David Mitchell, Ricky Gervais … Erst vor wenigen Jahren war es die alte Witwe Violet Crawley, Mutter des Grafen Grantham, die in der Serie *Downton Abbey* zumindest gezeigt hat, wie man andere genüsslich zerfleischt. Unvergesslich, wie sie sich über die Mittelschicht und bürgerliche Erfindungen wie «jobs» und «weekends» mokiert. Wie sie auf den Hinweis, dass Angestellte auch Menschen seien, antwortet: «Ja, aber vorzugsweise nur an ihren freien Tagen.» Oder wie sie ihren Sohn absichtlich für einen Kellner hält, als er ihr einmal unpassend gekleidet erscheint: «Do you think I might have a drink?» Man kann in ihr geradezu ein weibliches Gegenüber von Philip erblicken.

*

Bei meiner Suche nach möglichen Motiven für Philips Humor hat mir seine Cousine Pamela Hicks liebenswürdig Auskunft erteilt. Sie ist die Tochter seines Onkels «Dickie», der zeitweise auch sein Ziehvater war. 1900 als Prinz Louis von Battenberg geboren, kam er 1979 als Graf Mountbatten von Burma durch ein Attentat ums Leben. Es war dieser Dickie, der Philip überredete, in der königlichen Marine anzuheuern. Er war es auch, der Philip und Elizabeth zusammenbrachte – ein fürstlicher *matchmaker* also. Und er war es, der Philip mit einem feinen Kniff überhaupt erst heiratstauglich – und aus dem armen vorlauten Prinzen den reichen vorlauten Prinzen machte. Doch alles der Reihe nach.

Gemeinsam mit ihrer Schwester Patricia, die im Sommer 2017 verstarb, verbrachte Pamela Mountbatten als Mädchen viele Sommer mit Philip. «Er war ein wunderbarer Cousin und lustiger Spielgefährte, auf den wir uns immer freuten: Er war nämlich nicht die Art Verwandter, mit dem man nichts anfangen kann und der einem nach kurzer Zeit auf die Nerven geht. Er hatte immer witzige Ideen und schon damals den Elan und die frische Brise, die ihn auch später als jungen Mann und Marinesoldaten so anziehend machten.»

Was den aschblonden, athletischen Jungen außerdem auszeichnete, war sein Elternhaus, das es praktisch nicht gab. Ins Gästebuch der Mountbattens, in dem die anderen Besucher zumeist prächtige Residenzen in London oder auf dem Land notierten, schrieb Philip einmal: «No fixed abode!» – «Kein fester Wohnsitz!» Das Ausrufezeichen war ihm offenkundig wichtig. Es verwandelte den Eintrag, der zunächst wirkte wie ein Scherz unter Königskindern, in eine ambivalente Botschaft: Seht her! Ich bin überall und nirgends zuhause. Denkt also nicht, dass ich einer von euch bin. Ich bin anders …

Und wie anders er war! Sein Onkel Konstantinos I. war 1922 vom Thron in Athen gejagt worden. Und sein Vater Andreas, ein General, entkam nur knapp – und mit Hilfe höchster britischer Intervention – der Exekution, nachdem er bereits zum Tode verurteilt worden war. Die Familie wurde hastig, dank Dickies Beziehungen, auf einem britischen Kriegsschiff außer Landes gebracht – der zweijährige Philip angeblich in einer Orangenkiste. Als Kleinkind lebte er zunächst mit seinen Eltern in Paris, wo Mutter Alice, eine Schwester Dickies und Urenkelin von Königin Victoria, einen griechischen Laden betrieb, in dem sie Stickereien und Bilder verkaufte und in dem der Vater aushalf. Mit sieben Jahren begann für Philip gleichsam das Leben eines Vollwaisen: untergebracht in den Palästen befreundeter Familien und behütet von warmherzigen Verwandten, nachdem sich die Eltern getrennt hatten. Seine Mutter glaubte auf einmal, mit Jesus verheiratet zu sein, und litt überhaupt unter religiösen Wahnvorstellungen. Sie besuchte Nervenheilanstalten in Berlin und der Schweiz, bevor sie zwei Jahre durch Europa irrte und schließlich einem strengen

Schwesternorden beitrat. Der Vater war unterdessen mit mindestens einer Geliebten in eine Ferienwohnung an der Côte d'Azur gezogen.

Thomas Kielinger, deutscher Biograf der Queen, weiß zu berichten, dass Philip zwischen dem achten und dem fünfzehnten Lebensjahr nicht einmal eine Geburtstagskarte von seiner Mutter erhielt. Und als sich die Familie 1937 in Darmstadt wiedersah, war der Anlass äußerst traurig: Philips Schwester Cecilie war mit ihrem Mann, dem Erbgroßherzog von Hessen, und zwei Kindern in einem Flugzeug abgestürzt und wurde nun beerdigt. Philip war mit Onkel Dickie aus England angereist und traf nicht nur die Eltern und seine drei Schwestern, die mit hochrangigen Nationalsozialisten verheiratet waren, sondern auch eine Menge andere uniformierte Trauergäste.

Es war nicht die erste Begegnung mit den Nazis für ihn. Er hatte bereits vor ihnen fliehen müssen, als er im Jahr von Hitlers Machtergreifung das Internat Salem in Süddeutschland besuchte. Ein Verwandter hatte es gegründet, so dass für Philips bedürftigen Vater keine Schulgebühren anfielen. Der Direktor war Kurt Hahn, ein jüdischer Pädagoge, der Philip ins Herz schloss und bis an sein Lebensende mit ihm befreundet blieb. Als Hahn auffiel, dass sich der Junge stets über den Hitlergruß amüsierte, empfahl er der Familie, Philip mit ihm ins Exil nach Schottland gehen zu lassen. Dort gründete Hahn das Internat Gordonstoun, wo Philip 1939 die Schule abschloss.

Es war in den 30er Jahren, als Philip das Selbstbewusstsein und die nonchalante Schlagfertigkeit entwickelte, die ihm bis ins hohe Alter zu eigen geblieben sind. Doch egal, wohin er kam, war er ein Außenseiter, oder in englischer Sprache: ein «underdog». Für die einen war er das bedürftige Flüchtlingskind, für die anderen ein aristokratischer Schnösel. Die einen wollten ihm helfen, die anderen hielten ihn für einen Schnorrer. Zur Verwirrung aller trug bei, dass er aus dem Süden kam, aber aussah wie ein Wikingerkind aus dem Norden. Und selbst für diejenigen, die wussten, dass sich sein Aussehen mit seinem vollständigen Titel «Prinz von Griechenland und Dänemark» deckte, waren damit längst nicht alle Fragen beantwortet. Schließlich sprach der Junge nicht nur fließend Deutsch, sondern kam auch aus einer Familie mit deutschem Namen: von Schleswig-Holstein-Sonderburg-Glücksburg – ganz zu schweigen von seinen beiden Onkeln in SS-Uniformen. Nichts waren die Fragen der Presse, die Philip in seiner zweiten Lebenshälfte oft ertragen musste, gegen die Neugier mancher Mitschüler und Lehrer in Gordonstoun.

Philip verstand schon als Kind, dass er sich oft wehren musste. Die Fähigkeit, mit Worten eine Mauer um sich zu bilden, die keine Unterstellungen und Verletzungen durchlässt, ist deshalb ohne Zweifel ein Produkt seiner elternlosen Jugend. Dass er sich zugleich seiner gelegentlichen Ruppigkeit bewusst war, beweist ein Brief von 1942 an einen Verwandten: «Ich weiß, dass sie niemals viel von mir halten werden. Ich bin unhöflich und ungezogen, und ich mache viele unpassende Bemerkungen, die andere Leute treffen, was mir erst im Nachhinein klar wird. Dann tut es mir immer leid, und ich versuche, die Angelegenheit wieder in Ordnung zu bringen.»

Seitdem haben viele Kommentatoren den Versuch unternommen, das «schillernde Kontrastbild in Philips Charakter»

(Kielinger) zu beschreiben. Der BBC-Journalist Jeremy Paxman schrieb etwa in seinem Buch *On Royalty*: «Sein persönlicher Stil ist eine befremdliche Mischung aus einer etwas schroffen Freundlichkeit und äußerster Geringschätzung: Obwohl er selbst kein Intellektueller ist, kann er Dummköpfe nicht ertragen. Er hat glühende Launen und scheint beinahe pathologisch unfähig zu sein sich zu entschuldigen.» Thomas Kielinger urteilte etwas ausgewogener: «Da mischt sich Bescheidenheit mit Arroganz, optimistische Energie mit kalten Duschen der Abkanzelung. Der Prinzgemahl ist einmal liebenswürdig, dann abweisend, sicher und unsicher, sensibel und unsensibel, warm und überkritisch, gesellig und ein Einzelgänger.»

In den Augen seiner Cousine Pamela ist Philip immer ein großer, lustiger Sympathieträger geblieben. Wer ihn verstehen wolle, müsse sehen, dass er früh gelernt habe, das Eis zu brechen, um zu Menschen vorzudringen. Obwohl das nur ein Teil der Wahrheit sein kann, weil ihm die Absicht – zumindest in späteren Jahren und gegenüber der einfachen Bevölkerung – gelegentlich aufs Heftigste entgleist ist, beschreibt Pamela doch eine wichtige Gabe Philips, die von Anfang an auch im Buckingham Palace zur Kenntnis genommen wurde: Er habe eine ungewöhnlich natürliche und einnehmende Art, das zu sagen, was er denkt. Nicht selten ist aber gerade das in Gesprächen auf ihn zurückgefallen: als Vorwurf, er habe deutsches Blut in den Adern. Eben deswegen vertrage er den Smalltalk nicht und spreche alles direkt aus und an. Andererseits wusste er seine Art auch zu nutzen: als Schlüssel zum Herzen von Prinzessin Elizabeth – und zum Einverständnis ihres Vaters George VI. (jenes Königs, der uns vor wenigen Jahren im Kino, von Colin Firth dargestellt, als stotternder Monarch begegnet ist).

Dass Philip und Elizabeth nicht aus Zufall aufeinandertrafen, daran hatte Pamelas Vater beharrlich gearbeitet. Er kannte die Anforderungen an einen Ehepartner für eine Thronfolgerin nur zu gut: Um nicht morganatisch, also unstandesgemäß zu sein, hatte der Kandidat aus einem herrschenden Geschlecht zu stammen. Im Fall des heimatlosen Neffen Philip war dies nicht nur zu Beginn des Lebens gegeben, sondern es stellte sich 1935 gewissermaßen wieder ein, als die Griechen Philips Cousin George zu ihrem König machten, der er bis 1947 blieb. Das erste Rendezvous des 18-jährigen Philip und der erst 13-jährigen Elizabeth, das Onkel Dickie 1939 in der Marineakademie in Dartmouth organisierte, sollte sich als sagenhafter Coup erweisen. Salopp könnte man sagen: Dem Onkel gelang mit Hilfe des Neffen einer der größten Treppenwitze der britischen, nein, der deutsch-britischen Geschichte.

Das Urmotiv dafür lag in der stolzen Seele von Louis Mountbatten, die seit Kindheitstagen von Demütigungen seiner Familie überschattet war. Das Geschlecht der Battenbergs war in der Mitte des 19. Jahrhunderts überhaupt nur deshalb entstanden, weil ein neuer Name für Dickies Großvater erforderlich geworden war. Als Prinz von Hessen hatte er sich aus Liebe entschlossen, morganatisch zu heiraten – eine ehemals Bürgerliche. Sein Sohn, Dickies Vater, war dann durch die Steigbügel hochrangiger britischer Verwandter nach England gekommen und hatte eine steile Karriere in der Marine hingelegt. Als «Erster Seelord» auf dem höchsten Posten in der Marine angekommen, sah er sich allerdings 1914 dem Vorwurf ausgesetzt, Deutscher zu sein, und musste sein Amt niederlegen. In der allgemeinen deutschfeindlichen Stimmung, in der sich der damals regierende König George V. entschloss, seinen deutschen Familiennamen Sachsen-Coburg und Gotha durch die Fantasiemarke «Windsor» zu ersetzen, verwandelten sich auch die Battenbergs 1917 in die Mountbattens.

Philip wurde sich als junger Marinekadett rasch dessen bewusst, was der Onkel im Schilde führte. Zugleich war er stets geplagt von der Sorge, nicht akzeptiert zu werden. Elizabeths Mutter machte keinen Hehl daraus, dass sie gegen den «Hunnen» war. Sollte sich die Prinzessin dennoch für ihn entscheiden – immerhin hatte sie seit ihrem ersten Date sein Foto in ihren Gemächern aufgestellt –, wären die Windsors auf einmal wieder mit einem ziemlich langen deutschen Familiennamen konfrontiert. Und das in dieser Weltlage!

Was lag also näher, als der sich nähernden Blamage mit dem Mädchennamen von Philips Mutter vorzubeugen – Mountbatten. Ein griechisch-dänischer Deutscher war zu ertragen, wenn er nur als «Lieutenant Philip Mountbatten» in die Ehe ging (und wenn seine Schwestern mit ihren Nazi-Anhängen der Hochzeit bitte fernblieben). Onkel Dickie fädelte also erfolgreich ein, was die ganz große standesgemäße Rehabilitierung der Battenbergs werden sollte. Heute heißen alle Nachkommen von Elizabeth II. mit vollständigem Namen Windsor-Mountbatten.

Je ernster die Sache mit Elizabeth wurde, desto mehr belastete Philips Gemüt allerdings eine ganz andere Frage: Was würde er machen, was könnte er noch an ihrer Seite werden, wenn sie einmal Königin war? Würde seine unerhört natürliche Art Schaden nehmen – und wäre ihm der Weg in die Admiralität versperrt?

Pamela erinnert sich daran, dass diese Gedanken dem Cousin sogar im Schlaf keine Ruhe ließen. Es war im Februar 1952 in Kenia. Die elegante *Sagana Lodge*, die ihm und Elizabeth 1947 zur Hochzeit geschenkt worden war und in der sie für ein paar Tage wohnten, bot gute Voraussetzungen für Entspannung und Ruhe mitten in der Wildnis. Doch Philip hatte einen Traum, der ihm einen Ausblick auf sein weiteres Leben gab. Einen Albtraum – oder in den Worten, die er selbst dafür wahrscheinlich gewählt hätte: «A ghastly nightmare». Er saß auf der Rückbank einer offenen Limousine, die nie anhielt, sondern immerzu fuhr. Menschen säumten den Straßenrand und bewarfen ihn mit Rosen, deren Dornen er im Gesicht und an den Armen spürte. Er musste winken. Winken. Und immer wieder: winken. Und als er am nächsten Morgen aufwachte, hing der Arm, mit dem er gewinkt hatte, aus dem Bett und war eiskalt.

Beim Frühstück vertraute Philip die Tantalusqualen der Nacht seiner Cousine an – sie war als Hofdame mitgereist. Wenn ihre Erinnerungen sie nicht täuschen, dann gibt die Geschichte viel von den Selbstzweifeln, der Beklemmung und den Ängsten preis, die den damals 30-jährigen Herzog plagten. Wie Tantalus, der sich in Hades' Unterwelt nach Wasser und Früchten streckt und beides nie erreicht, weil er wie angewurzelt an einem Fleck steht, kämpfte auch Philips Unterbewusstsein gegen den Verlust seiner Autonomie. Im Fond des Autos, in das ihn der Traum befördert hatte, war er schon nicht mehr Herr seiner selbst. Es war die Furcht eines freien Mannes vor der Unfreiheit und eines Prinzen vor dem goldenen Käfig. Wie einen Seefahrer, der für immer in einem Hafen festsitzt, holte ihn auf einmal die Sorge ein vor dem ewigen Matriarchat seiner Frau. Nicht, dass Philip sie nicht liebte. Cousine Pamela wird nicht müde, das Gegenteil zu erklären: «Sie waren von Anfang an das, was wir im Englischen ein ‹love match› nennen» – ein Liebespaar. Doch verliebt hatte sich Philip in die Prinzessin Elizabeth, die mit ihm auf diese Reise gegangen war – nicht in die Königin, als welche sie zurückkehren sollte …

Die Geschichte ist oft erzählt worden: Das Prinzenpaar hatte gerade seine erste *Royal Commonwealth Tour* angetreten, die sie noch nach Australien und Neuseeland führen sollte, da erhielten sie – rund einen Tag verspätet – die fatale Nachricht: Elizabeths Vater war daheim mit nur 56 Jahren verstorben. Auch an diesen Moment erinnert sich Pamela noch genau: «Philip erfuhr es als Erster. Er war dermaßen schockiert, dass er nicht direkt zu seiner Frau ging, sondern sich auf ein Sofa legte, die aufgeschlagene Zeitung auf sein Gesicht fallen ließ und für eine Weile regungslos dalag. Dann ging er in den Garten und sprach mit Elizabeth. Es dauerte sehr lange. Wir beobachteten es hinter den Fenstern. Die beiden liefen langsam über die Wiese, umarmten sich eng und schauten sich immer wieder in die Augen.» Das Paar realisierte, dass es in ein neues Leben geworfen worden war. Und Philip musste sich ganz allein für sich fragen, ob er – wie Tantalus – vielleicht aus Hochmut, Geringschätzung und mangelnder Demut an diesen Punkt gekommen war. Hatte ihn gar der Stolz des Onkels vor den Karren gespannt, in dem er nun festsaß?

Während Prinzessin Elizabeth noch wenige Tage zuvor vorgeschlagen hatte, Philip könne seine Karriere als verdienter Marineoffizier fortsetzen, bestand diese Option unter ihr als Königin nicht mehr. Fortan konnte sie ihm die höchsten Ehrentitel verleihen. Doch eine neue, sinnvolle Lebensaufgabe konnte selbst sie ihm nicht mehr schenken. Ihre neue Rolle machte auch seinen Aktionsrahmen nicht mehr verhandelbar: Den Rest seines Lebens hatte er ein, zwei Schritte hinter ihr oder im besten Fall neben ihr zu verbringen. Das Korsett des «Prinzgemahls» mochte ihm wie eine Demütigung erscheinen, ihm, der einst ein Flüchtling gewesen war und seit seiner frühesten Kindheit immer den Weg in die Freiheit gefunden hatte. Was ihm blieb, war nun, das Beste aus diesen Erfahrungen zu machen. Es war der Punkt, an dem Philip erkannte, dass nur er sich selbst eine neue Rolle geben konnte, neben einer pflichtbesessenen Königin mit ihren oft langweiligen und berechenbaren Aufgaben. Er brauchte eine Position, die ihn glaubwürdig und unverwechselbar machte. Weil dieser Anspruch auch ein Risiko darstellte, handelte er sich bald den Titel «Duke of Hazard» ein.

Damit hat er auch mich schon einmal direkt amüsiert. Es war im Jahr 2000 während der Eröffnung des neuen britischen Botschaftsgebäudes in Berlin. Alle waren förmlich, alle waren freundlich. Und Philip nannte den Bau: «eine riesige Platzverschwendung». Mit solchen Auslassungen hat er gezeigt, dass er das Angepasste, die Konvention, den gewöhnlichen Ablauf verachtet. Oder das ***business as usual***, wie die normalen Leute dazu sagen würden. Genau genommen sind es diese Normalbürger, die ihn aufregen, also rund 90 Prozent der Bevölkerung, die Mehrheit, der seine Frau als Regentin gefallen und nach dem Mund reden muss. Im Unterschied zu dieser Mehrheit, die «toilet» sagen würde, geht Philip aufs «Klo» – «the loo». In diesem Ausdruck sind sich Aristokraten und Arbeiter näher als der große Rest. Bei Lichte betrachtet ist es also die Mitte der Gesellschaft, von der sich Philip stets ferngehalten hat. Und eben diese Mitte, vertreten durch die bürgerliche Presse, hat er damit stets fasziniert.

Im Theater oder im Film nennt man Philips Nebenrolle übrigens den «Sidekick»: Er ist der Gehilfe der Hauptfigur. Wir erinnern uns an andere Duos: «Watson, geht es Ihnen gut?» «Wieso, Sherlock, sehe ich krank aus?» Ein intelligenter Sidekick darf sich als Stichwortgeber begreifen, wie eben jener Doktor Watson für Sherlock Holmes, Samwis Gamdschie in *Herr der Ringe* für Frodo Beutlin oder Hans-Dietrich Genscher für Helmut Kohl. Ein weniger intelligenter Sidekick ist der «idiot friend», und im dümmsten Fall stehen dann beide andauernd einer Lösung im Weg, so wie Stan und Ollie («Dick und Doof»). Genau genommen war das Philips größtes Berufsrisiko: sich und seine Frau zu öffentlichen Idioten zu degradieren.

Philips Heldin hat über Jahrzehnte hinweg viel Ausdauer, Disziplin und eine beachtliche Konstanz an den Tag gelegt. Ihre immer wiederkehrenden Formen – und Farben – haben die Königin erwartbar gemacht. Ihre Verlässlichkeit und Gleichförmigkeit waren Ausweis ihrer Begabung für die große Lebensaufgabe als Monarchin. Es lag im Interesse des Volks und ist zugleich das Erstaunlichste an dieser Frau, dass sie offenbar ein Leben ohne allzu dunkle und helle Momente gelebt hat. Sie selbst ist das genaue Gegenteil einer Drama-Queen.

Mit wieviel Drama Philip diese Lücke gefüllt hat, wissen wir nicht. Aber er hat mit seinen Worten stets angedeutet und in den Bereich des Möglichen gerückt, dass er zumindest ein bisschen Drama-Prinz sein wollte. Er war es schließlich, schon lange bevor er Elizabeth kennenlernte. Spätestens in der Nacht in Kenia verstand er zudem, dass er sich nicht einfach neben seine Frau setzen konnte, um ihr Verhalten zu duplizieren. Vielleicht spürte er schon damals, dass sie als Königin erst richtig würde strahlen können, wenn es ihm gelänge sich abzusetzen. Cousine Pamela hat Recht: Zu Philips Aufgaben zählte es auch stets, das Eis zu brechen. Es waren seine Lebenserfahrung und seine Selbstachtung, die ihn dazu befähigten. Und die Liebe zu seiner Frau. Mit seinen Witzen hat er sie menschlicher gemacht – ohne sie zu entzaubern.

Seine Komik wirkte befreiend, und zumindest das war Philips dramaturgischer Beitrag zur Geschichte. Er war der perfekte Hofnarr im zweiten Elisabethanischen Zeitalter und der erste in der Geschichte, der bis ans Ende mit der Königin verheiratet war, ohne dass man ihn einen Kopf kürzer gemacht hat. «Wenn ich in der Marine geblieben wäre», sagte Philip einmal in einem Interview, «dann wäre ich vielleicht zum Admiral aufgestiegen. Aber ich hätte niemals all das tun können, was ich gemacht habe und was mir nicht aufgrund meiner Persönlichkeit, sondern meiner außergewöhnlichen Stellung gestattet wurde.»

Persönlichkeit oder Stellung? Zufall oder nicht? Wir dürfen auf jeden Fall festhalten, dass auch der Hofnarr Spaß an seiner eigenen Geschichte hatte.

Einleitung

Im Vereinigten Königreich ist man heute zunehmend verunsichert darüber, was es eigentlich bedeutet, «britisch» zu sein – und auch auf dem Kontinent herrscht einige Verwirrung. Es mag überraschen, aber in dieser Situation ist es hilfreich, sich an Prinz Philip, Herzog von Edinburgh, zu halten. Ob man ihn liebt oder verachtet – es ist schwer, ihn reden zu hören und seiner Freimütigkeit und vollkommenen Gleichgültigkeit gegenüber der öffentlichen Meinung keine Bewunderung zu zollen. Wer weiß, vielleicht stünde die britische Nation besser da, wenn es mehr Menschen gäbe, die seinem Beispiel folgten, zuerst zu sprechen und sich erst dann über mögliche Konsequenzen den Kopf zu zerbrechen. Vielleicht würden die Politiker dann die Wahrheit erzählen und nicht jene Version der Ereignisse, die ihre Pressesprecher zur Veröffentlichung freigegeben haben. Vielleicht hätte die epidemieartig grassierende Fettleibigkeit im Königreich von vornherein abgewendet werden können, wenn außer Prinz Philip auch andere keine Hemmungen hätten, Kindern zu sagen, dass sie «zu fett» sind.

Doch natürlich liegt der Reiz der Lektüre von Philips vielen klassischen Fauxpas genau darin: dass man einerseits den Nervenkitzel nachvollziehen kann, in jeder Situation exakt das zu sagen, was man denkt, und andererseits genau weiß, dass man selbst nie im Leben so direkt sein könnte. Oft würden wir es dem Herzog gerne gleichtun, wären wir nicht an die Konvention gebunden, höflich zu sein oder das Angemessene zu sagen. Zu unserem Glück hatte Philip noch nie mit derartigen Hemmungen zu kämpfen – oder wenn doch, dann hat er sie erfolgreich überwunden. Und so ist dieses Buch unsere Reverenz an einen Mann, der berüchtigt ist dafür, das Falsche zu sagen – und der damit, so paradox es klingen mag, oft den Nagel auf den Kopf trifft und genau das ausspricht, was gesagt werden muss: Sei es, um das aufgeblasene Ego eines eingebildeten Stars zurechtzustutzen, sei es, um einem Vertreter der Presse genau zu erläutern, wo er sich seine Kamera hinstecken soll, oder um einen kriecherischen Lakaien abzukanzeln.

Im reifen Alter von 96 Jahren blickt der Herzog auf eine lange Karriere weltweiter (un)diplomatischer Tätigkeit zurück. Dieses Kompendium versammelt die denkwürdigsten Ausrutscher aus rund sieben Dekaden, von den späten 40er Jahren bis zum heutigen Tag. In dieser Zeit hat sich Großbritannien massiv verändert – es hat neue Volksgruppen aufgenommen, sich von alten Gewissheiten verabschiedet und neue Überzeugungen gewonnen –, während Prinz Philip in vielerlei Hinsicht der Gleiche geblieben ist. Was er sagt, mag bisweilen völlig – um nicht zu sagen, lächerlich – altmodisch und weltfremd klingen. Doch abgesehen davon, dass hier und da ein empfindsames Gemüt kurz brüskiert war, ist kein wirklicher Schaden dabei entstanden.

Dieses kleine Buch will den Leser amüsieren und versteht sich gleichzeitig als die Verneigung vor einem Mann, der seinen Überzeugungen treu geblieben ist und sich nie verbogen hat. Nach 70 Jahren an der Seite der Queen repräsentiert er eine Bastion dessen, was es heißt, britisch zu sein. Viel Vergnügen!

Der Botschafter

Als dienstältester Prinzgemahl der britischen Geschichte hat der Herzog von Edinburgh eine Vielzahl diplomatischer Pflichten im Ausland wahrgenommen. In mehr als einem halben Jahrhundert als Königliche Hoheit hat Prinz Philip Staatsbesuche in China, Kanada, Australien und Afrika absolviert, um nur einige der bereisten Regionen zu nennen. Dabei hat er es geschafft, an allen Enden der Welt zumindest einige Einheimische zu irritieren oder zu beleidigen. Man sollte eigentlich annehmen, dass jemand, der bereits vor dem Antritt seines königlichen Amtes als Offizier der Marine die Weltmeere befuhr, ausreichend Gelegenheit hatte, sich den mühelosen Flair des erfahrenen Weltenbummlers zuzulegen – doch zu unserem Glück könnte von der Realität nichts weiter entfernt sein. Hier ist eine Sammlung der besten Ausrutscher von Philips Auslandsreisen.

Der böse Golf

Am Rande eines Staatsbesuchs in Abu Dhabi im Jahr 2010 wurde Prinz Philip einer Gruppe von britischen Auswanderern vorgestellt, die ihre Zelte in der Heimat abgebrochen hatten, um in der glühenden Hitze der Golfregion ein neues Leben zu beginnen. Obwohl er selbst außerhalb Großbritanniens geboren und aufgewachsen ist, hatte der Herzog sichtlich Mühe, diese Entscheidung, der Heimat den Rücken zu kehren, nachzuvollziehen:

«Sind Sie auf der Flucht vor etwas?»,

fragte er ungläubig.

Jenseits von Afrika

Beim Staatsbesuch in Nigeria im Jahr 2003 wurde Philip vom damaligen Präsidenten Olusegun Obasanjo in einer feierlichen Zeremonie empfangen. Aus Achtung vor seinen königlichen

Gästen hatte der Präsident seine prächtigste Boubou angelegt – die Nationaltracht Nigerias, eine aufwändig bestickte Robe mit langen, weiten Ärmeln. Der Herzog war offenbar ein wenig verwirrt von dem, was er da erblickte, und konstatierte etwas ratlos:

«Sie sehen aus, als wollten Sie schon ins Bett gehen!»

Dreimal China (ohne Kontrabass)

Manchmal braucht Philip nicht mehr als ein Wort, um sein vernichtendes Urteil zum Ausdruck zu bringen. 1986 war China an der Reihe. Eine ehrwürdige, uralte Zivilisation mit einer fast 4000-jährigen Geschichte auf einer Fläche von 9 Millionen Quadratkilometern. Zur Zeit der königlichen Visite war China die Heimat der größten Bevölkerung der Menschheitsgeschichte und stand kurz davor, die zweite globale Supermacht zu werden. Der Eindruck des Herzogs:

«Furchtbar.»

Im weiteren Verlauf der Reise konnte man sich des Eindrucks nicht erwehren, dass Philip es kaum erwarten konnte, wieder zu verschwinden – offenbar nicht zuletzt von der Sorge umgetrieben, dass ein längerer Aufenthalt irreversible physische Auswirkungen haben könnte. Nur so war es wohl zu erklären, dass er einem britischen Auslandsstudenten den Rat gab, mit der Buchung seines Rückfluges nicht allzu lange zu warten:

«Wenn Sie noch viel länger hierbleiben, werden Sie mit Schlitzaugen nach Hause kommen.»

Das Urteil des Herzogs war auch nicht milder geworden, als er Ende des Jahres, wieder zu Hause, bei einer Veranstaltung des WWF eine Rede hielt. Diesmal waren es insbesondere die gastronomischen Gepflogenheiten des chinesischen Volkes, an denen er Anstoß nahm:

«Wenn es vier Beine hat und kein Stuhl ist, wenn es zwei Flügel hat und fliegt, aber kein Flugzeug ist, und wenn es schwimmt, aber kein U-Boot ist, dann werden es die Kantonesen essen.»

Bei lebendigem Leibe

Ein Besuch des Herzogs in Papua-Neuguinea im Jahr 1998 gab Anlass zu einem ganz besonderen Klopfer, der zu seinen bekanntesten Fauxpas gehört, wenn auch sicher zugleich zu den harmloseren. Im Gespräch mit einem britischen Trekker, der kurz zuvor den Regenwald der südwestpazifischen Insel durchquert hatte, witzelte der Herzog:

«Sie haben es also geschafft, nicht im Kochtopf zu landen?»

Unsensibel? Absolut. Aber bedenkt man, dass es bis in die 50er und 60er Jahre Berichte über Kannibalismus in Neuguinea gab, könnte man anmerken, dass ein Eingeborener keinen Grund gehabt hätte, allzu sehr beleidigt zu sein, und allenfalls hätte einwenden können: «Ach, Eure Hoheit, das machen wir nun wirklich schon seit *Jahren* nicht mehr!»

Kanadische Kälte

Henry Wotton, der bekannte Diplomat des 17. Jahrhunderts, sagte einmal, ein Botschafter sei «ein ehrlicher Mann, der ins Ausland geschickt wird, um für das Commonwealth zu lügen». Das ist nun allerdings nichts, was man dem Herzog von Edinburgh vorhalten kann. Dabei hätten sich die kanadischen Commonwealth-Brüder der Briten vielleicht sogar gewünscht, Prinz Philip wäre etwas ökonomischer mit der Wahrheit umgegangen, als er bei einem Besuch im Jahr 1975 seine Gastgeber ziemlich abrupt wissen ließ, er und die Queen

«kommen nicht der Gesundheit wegen hierher.
Wir können uns die Zeit auch anders vertreiben.»

Außer Reich(s)weite

Während des Zweiten Weltkriegs war Prinz Philip ein hochdekorierter Marineoffizier, der sich in der Mittelmeer- und der Pazifikflotte ausgezeichnet hatte. Vor diesem Hintergrund erwartete Helmut Kohl wahrscheinlich, dass der Herzog historisch einigermaßen orientiert sein müsste – zumindest so weit, dass er ihn, als sie 1997 einander vorgestellt wurden, nicht mit

«Herr Reichskanzler»

ansprechen würde.

Schon drei Jahre später kehrte Philip nach Deutschland zurück, um die neue britische Botschaft in Berlin zu eröffnen. Über seine Mutter, Prinzessin Alice von Battenberg, hat der Herzog starke deutsche Wurzeln. Daher dürften seine Gastgeber in der Botschaft umso enttäuschter gewesen sein, als er den 18 Millionen Pfund teuren Bau als

«eine riesige Platzverschwendung»

bezeichnete.

El Duque

Der Duke of Edinburgh hat nie einen Hehl daraus gemacht, dass er ein vehementer Gegner von Bürokratie ist, und es ist nicht auszuschließen, dass er im Grunde seines Herzens auch die *Demo*kratie für nichts weiter als eine Art von Unannehmlichkeit hält. Wie dem auch sei, jedenfalls verstand er sich prächtig mit dem paraguayischen Diktator General Alfredo Stroessner, als sie sich 1962 kennenlernten:

«Es ist schön, in einem Land zu sein, dass nicht vom Volk regiert wird»,

seufzte Philip bewundernd. Dass das paraguayische Volk der gleichen Meinung war, darf bezweifelt werden – immerhin hatte Stroessner alle in der Verfassung verankerten Grundrechte ausgesetzt, und seine 30 Jahre währende Präsidentschaft markierte einen Tiefpunkt in der ohnehin schon unterirdischen Menschenrechtsbilanz des Landes – aber was weiß schon das Volk?

Reif für die Insel

Die Kaimaninseln sind ein Paradies im Nordwesten Jamaikas. Sie waren unbewohnt, bis sie im Jahr 1503 von Christoph Kolumbus auf seiner wenig glücklich verlaufenen letzten Reise in die Neue Welt entdeckt wurden. Fast ein Jahrhundert später kam Sir Francis Drake vorbei, und schließlich wurden die Inseln zu einem britischen Protektorat, was sie in erster Linie den Resten von Oliver Cromwells Armee verdankten, die auf der Flucht vor den kriegerischen Auseinandersetzungen in Jamaika dort gelandet waren. Prinz Philip besuchte das britische Überseegebiet im Jahr 1994 und brachte seine Vorstellungen über die Provenienz der Inselbevölkerung auf eine griffige Formel:

«Stammen nicht die meisten von Ihnen von Piraten ab?»

Schottische Schluckspechte

Prinz Philip verfügt über die einzigartige Gabe, genau das Falsche zum falschen Gesprächspartner zu sagen. Das ist die Eigenschaft, für die er in erster Linie bekannt geworden ist und für die wir ihn lieben. Doch Seine Königliche Hoheit ist ein solcher Virtuose auf dem Gebiet der Taktlosigkeit, dass es ihm von Zeit zu Zeit immer mal wieder gelingt, nicht nur eine einzelne Brüskierung zu lancieren, sondern mit einer vollen Ladung seiner doppelläufigen Schrotflinte der Beleidigungen mehrere Gruppen gleichzeitig zu treffen. So geschehen 1995, als er einen schottischen Fahrlehrer fragte:

«Wie schaffen Sie es bloß, die Einheimischen lange genug vom Alkohol fernzuhalten, dass sie die Prüfung ablegen können?»

Manch einer hätte vielleicht gedacht, eine rassistische Beleidigung würde genügen, doch unser edler Herzog schaffte es, sich gleichzeitig das extrem heikle Thema des Fahrens unter Alkoholeinfluss vorzuknöpfen und damit mit beiden Füßen zugleich ins Fettnäpfchen zu treten. Sir, wir verneigen uns vor Ihnen.

Im Auge des Kritikers

Prinz Philip schreckt keineswegs davor zurück, auch die Mitglieder seiner eigenen Familie mit dem stahlharten Blick seiner Missbilligung zu fixieren. Doch als er im Jahr 1965 beim Besuch einer Ausstellung äthiopischer Kunst die gezeigten Kunstwerke als

«Sachen von der Art, wie sie meine Tochter vom Kunstunterricht in der Schule mit nach Hause bringt»,

bezeichnete, hatte man den Eindruck, dass zumindest in diesem Fall die andere Seite, nämlich die ausgestellten Künstler, schlechter wegkam.

Australische Katastrophen

Das Letzte, was man bei einem formellen Anlass in Anwesenheit eines Mitglieds der königlichen Familie erwartet, ist Toilettenhumor. Wenn es sich gar noch um einen Anlass handelt, bei dem besagtes Mitglied des Königshauses einer Gruppe von Australiern vorgestellt wird, würden die meisten Menschen wohl erwarten, dass, *wenn* jemand in diesem Augenblick über Körperausscheidungen scherzt, es ganz sicher nicht derjenige sein würde, dessen Ehefrau sich bei besonderen Gelegenheiten eine Krone in die Frisur drückt. Doch Prinz Philip, der nie viel auf Erwartungen gegeben hat, lief zu großer Form auf, als ihm die Feinheiten des Baumwollanbaus im ländlichen New South Wales geschildert wurden. Bei der Demonstration eines Geräts zur Messung von Wasserdruck, das Piezometer heißt, witzelte er:

«Ein Pissometer?!»

Äußerst geistreich, Eure Hoheit.

Die Australier bekamen erneut ihr Fett ab, als der Herzog bei einem Besuch im Jahr 1992 gefragt wurde, ob er gerne einen Koala streicheln würde. Er lehnte das Ansinnen ab – nicht dankend, sondern auf die ihm eigene, mehr als deutliche Art und Weise:

«Oh nein, sonst fange ich mir noch irgendeine grässliche Krankheit ein.»

Die Aussies waren verständlicherweise gekränkt – diese Ablehnung kam einer Weigerung gleich, die pelzige Seele der Nation zu streicheln.

Im Jahr 2002 vollendete Prinz Philip dann seinen Hattrick der australischen Fauxpas, als er und die Queen die Cairns School of Distance Education besichtigten, Teil eines Netzwerks, das im australischen Outback Fernunterricht anbietet. Als Reverenz an die hochrangigen Gäste spielte das Schulorchester eine mitreißende Version von *God Save the Queen*. Der Herzog war beeindruckt, aber offensichtlich nicht frei von Skepsis hinsichtlich der musikalischen Fertigkeiten der Kinder:

«Ihr habt eure Instrumente doch selbst gespielt? Oder habt ihr etwa Tonbandgeräte unter euren Stühlen?»

Manchmal aber erfreut uns Prinz Philip mit einem Fauxpas von solchen Ausmaßen, von derart seismischer Unangemessenheit, dass der Ausrutscher den Status einer einfachen Beleidigung transzendiert und zu etwas Größerem wird – zu einem Klopfer, der selbst die Götter erröten und innerlich aufstöhnen lässt, bis der Boden unter unseren Füßen erzittert. Als der Herzog 2002 in Queensland den Stammesführer der Aborigines William Brin traf, war die Bühne für eine der monumentalsten verbalen Fehlleistungen aller Zeiten bereitet. Die leidvolle Geschichte der Unterdrückung der australischen Ureinwohner ist

immer ein heikles Thema, das jeder ausländische Würdenträger nur mit äußerster Behutsamkeit anschneiden sollte – und das auch nur dann, wenn es sich absolut nicht vermeiden lässt. Es ist ein Minenfeld von Rassen–, Kultur- und Identitätsfragen, von Intoleranz und Missbrauch. Der Beitrag des Herzogs lautete:

«Werft ihr eigentlich immer noch mit Speeren aufeinander?»

La Dolce Vita

Auch wenn Philip gewisse Annehmlichkeiten seines Lebens zweifellos schätzen gelernt hat – wie nicht anders zu erwarten bei jemandem, in dessen Adresse das Wort «Palace» vorkommt –, sehnt er sich doch offenbar manchmal nach den einfachen Dingen des Lebens. Als ihm im Jahr 2000 in Rom bei einem Gala-Diner, ausgerichtet vom damaligen italienischen Premier Giuliano Amato, eine Auswahl italienischer Spitzenweine angeboten wurde, bellte er:

«Bringen Sie mir ein Bier. Ist mir egal, welche Marke, holen Sie mir einfach ein Bier!»

Rührend bescheiden, allerdings ist nicht überliefert, ob er anschließend auch noch eine Packung Erdnüsse bestellte.

Zar haben wir den Salat

Es ist nicht immer leicht, eine Persönlichkeit des öffentlichen Lebens zu sein – zumal wenn man von adligem Geblüt ist, weil in diesem Fall die private und die politische Sphäre oft untrennbar miteinander verwoben sind. So ist es auch für Prinz Philip, der nicht einfach mal so Urlaub machen kann, ohne dabei die historischen und politischen Implikationen der Reise abzuwägen. Deshalb ist vielleicht nachvollziehbar, warum er 1967 auf die Frage, ob er gerne einmal die UdSSR besuchen würde, barsch antwortete:

«Ich würde sehr gerne nach Russland kommen – auch wenn die Bastarde meine halbe Familie umgebracht haben.»

Philip meinte natürlich die Ermordung von Zar Nikolaus II. und dessen Familie im Jahr 1918. Und in gewisser Weise war das auch keine Übertreibung, immerhin wurde später eine DNA-Analyse des Bluts von Prinz Philip herangezogen, um die Überreste mehrerer Mitglieder aus der Familie von Zarin Alexandra zu identifizieren. Gruselig.

Viele Köche ...

Britisch zu sein bedeutet manchmal, an der blinden Überzeugung festzuhalten, dass man anderen Kulturen einfach überlegen ist – selbst dann noch, wenn der Beweis des Gegenteils vor einem auf dem Teller liegt. Während eines Frühstücksbanketts, das 2002 von dem gallischen Gastro-Genie Regis Crepy serviert wurde, erwies sich Prinz Philip so gesehen als typischer Brite. Der preisgekrönte Koch kredenzte eine üppige Auswahl aus Speck und Eiern, Räucherlachs, Kedgeree, Croissants und *pain au chocolat*.

«Die Franzosen können einfach kein Frühstück zubereiten»,

grummelte der Herzog.

Dienst ist Dienst …

Die Royals bekommen regelmäßig exquisite Geschenke, mit denen man sich ihre Gewogenheit sichern will. Das ist schon seit unvordenklichen Zeiten so gewesen; es gehört zu den angenehmen Seiten dieses Jobs. Als Philip und seine königliche Braut 1947 heirateten, erhielten sie mehr als 2500 Geschenke von internationalen Würdenträgern, darunter Perlenketten, Diamantcolliers, Rubinohrringe und Tiaren. Doch selbst solche teuren Preziosen verlieren mit der Zeit ihren Reiz, und so ist es wohl zu erklären, dass den Herzog, als ihm im Jahr 1999 vom amerikanischen Botschafter ein Präsentkorb überreicht wurde, nur eine Frage umtrieb:

«Wo ist der Southern Comfort?»

Ein Jahr später dürfte der US-Botschafter sich erneut gefragt haben, warum er sich diesen Job überhaupt antat, als Prinz Philip sich bemüßigt fühlte, ein paar böswillige Gerüchte über Klassendenken und Intoleranz der Briten aus der Welt zu schaffen:

«Die Leute denken, dass es hier ein starres Klassensystem gibt, dabei gab es auch schon Herzöge, die Revuetänzerinnen geheiratet haben. Ein paar haben sogar Amerikanerinnen geheiratet.»

Man stelle sich vor …

Yes, he can! … oder?

Lässt man die verbalen Ausrutscher des Herzogs von Edinburgh Revue passieren, darf man nicht vergessen, dass all die Jahre, in denen er den Globus umrundet hat, ihn zwar zu einem Mann von Welt gemacht haben mögen, dass er aber zugleich immer noch ein Produkt seiner Zeit ist. In dem England, in dem er als Prinz Philip von Griechenland und Dänemark aufwuchs, war Multikulturalität noch nicht erfunden. Und so muss man wohl davon ausgehen, dass seine Frage im Gespräch mit Barack Obama 2010, als dieser erwähnte, er habe mit den Regierungschefs von Großbritannien, China und Russland gefrühstückt:

«Können Sie die auseinanderhalten?»

hilfreich gemeint war.

Hoffen wir nur, dass der mächtigste Mann der Welt das genauso sah – schon allein wegen der immer wieder gerne beschworenen «besonderen Beziehung» zwischen Großbritannien und den USA.

Französische Farce

Wie wir noch sehen werden, pflegt Prinz Philip eine Beziehung zur Presse, die man wohl als stürmisch bezeichnen könnte. Jedenfalls macht er regelmäßig kurzen Prozess mit Fragestellern, wenn er den Eindruck gewinnt, dass diese ihm die Zeit stehlen. Und als die Journalistin Caroline Wyatt ihn 2006 fragte, ob er und die Queen ihren Trip nach Paris (der Hauptstadt eines Landes, das ihm noch nie besonders am Herzen lag) genießen würden, fiel seine Reaktion wie zu erwarten eher barsch aus:

«Dämliche Frage!»

Studentenstreben

Ähnlich sensibel ist Philip für die Probleme jener Mitmenschen, bei denen er davon ausgeht, dass sie an den Kontakt mit Westlern nicht gewöhnt sind. Als er 1998 einer Gruppe von Studenten aus Brunei vorgestellt wurde, die zum Studium nach Großbritannien gekommen waren, äußerte er besorgt:

«Ich weiß nicht, wie die sich an Orten wie Glasgow oder Sheffield integrieren sollen.»

Vermutlich machte er sich besonders Gedanken darum, ob sie in der Lage sein würden, die Führerscheinprüfung zu bestehen.

Keine Macht den Drogen

Welches Land der Welt kann von sich behaupten, dass es die perfekte Drogenpolitik gefunden hat? Es ist das kniffligste aller kniffligen Themen, und es scheint ein Problem zu sein, das weder Politiker noch Thinktanks oder Kampagnen lösen können. Auftritt Philip, Herzog von Edinburgh. Bei der Besichtigung eines Londoner Jugendclubs für Jugendliche aus Bangladesch im Jahr 2002 führte er eine revolutionäre, wenn auch vielleicht etwas unkonventionelle neue Taktik in der Drogenbekämpfung ein. Sie lässt sich wohl am besten als das «Willkürlich auf jemanden zeigen und ihn verdächtigen»-System bezeichnen:

«Also, wer hier steht unter Drogen? … DER hier sieht aus, als hätte er was genommen!»

Bauchfrei

Wir alle kennen das – reichhaltiges Essen und köstliche Getränke sind eine Versuchung, der man gerade in der entspannten Atmosphäre eines Urlaubs nur allzu leicht nachgibt. Die meisten Menschen können sich diese momentane Schwäche allerdings erlauben, ohne anschließend der Schmach einer königlichen Inspektion des eigenen Hüftumfangs ausgesetzt zu sein, wie sie einem unglücklichen Touristen bei seinem Besuch in Budapest im Jahr 1993 widerfuhr:

«Sie können noch nicht lange hier sein, Sie haben keine Wampe.»

Volksnah

Prinz Philip wurde als Mitglied des deutsch-dänischen Adelshauses Schleswig-Holstein-Sonderburg-Glücksburg geboren (eines Hauses, das einen ziemlich breiten Briefkasten gehabt haben muss). Er ist ein Urenkel von Queen Victoria, und er gehört zur griechischen Königsfamilie: Blut kann also nicht viel blauer sein als die Flüssigkeit, die durch seine Adern strömt. Das alles steht außer Zweifel, doch darf man trotzdem nicht unterschlagen, dass dem Herzog auch die Härten des Lebens nicht fremd sind – aus den Erlebnissen seiner Kindheit heraus ebenso wie aus seiner Zeit als Marineoffizier, der die Unbilden und Entbehrungen des Krieges aus erster Hand kennenlernte. Die gute Nachricht für uns ist, dass diese beiden gegensätzlichen Sphären dazu geführt haben, dass Prinz Philip die Spießigkeit des Lifestyles der Hautevolee ebenso verachtet, wie er dem Lebensalltag des Durchschnittsbürgers ahnungslos gegenübersteht. Sehen Sie selbst …

Schickimicki

Lassen Sie uns einen Augenblick über den Speisezettel eines typischen Royals nachdenken. All die Botschaftsgalas und feierlichen Eröffnungen mit ihren endlosen Champagnergläsern, Tabletts um Tabletts voller Hors d'œuvres und vermutlich (wenn man der Fernsehwerbung glauben mag) bergeweise Ferrero Rocher müssen nach einer gewissen Zeit verdammt langweilig werden. Und so muss man wohl Verständnis haben für einen eindeutig gastronomisch gestressten Philip, der einmal grummelte:

«Ich kriege nie mal Hausmannskost zu sehen – alles, was ich bekomme, ist Schnickschnack.»

Harte Zeiten

Großbritannien ist in den letzten Jahren von ausgesprochen heftigen finanziellen Turbulenzen erschüttert worden. In solchen Zeiten, wenn Unternehmen unter der Schuldenlast ächzen und die Arbeitslosenquote in ungeahnte Höhen schnellt, schaut ein schwer geprüftes Volk vertrauensvoll auf sein Führungspersonal und hofft auf ein Zeichen der Solidarität. Tatsächlich streckte Prinz Philip im Jahr 1969 seine beklunkerte Hand aus und bewies, dass auch ihm die Fallstricke wirtschaftlicher Nöte nicht fremd sind:

«Wir werden nächstes Jahr in die roten Zahlen kommen»,

räumte er ein.

«Ich werde das Polospielen aufgeben müssen.»

Tja, wir müssen eben alle Opfer bringen …

Dinner for the Duke

Herzog hin, Herzog her – wenn ein Mann Hunger hat, dann hat er Hunger und ist in aller Regel nicht in Stimmung für irgendwelchen Firlefanz. Das musste auch ein unbedarfter Lakai feststellen, als er bei einer Dinnerparty im Jahr 2004 diensteifrig versuchte, einen ausgehungerten Philip auf den ihm zugedachten Platz zu lotsen:

«Zum Henker mit der Sitzordnung, geben Sie mir mein Essen!»,

bellte Seine Hoheit. Man sollte meinen, dass die Queen für genau diese Anlässe immer einen kleinen Snack in ihrer Handtasche dabeihat.

Wenn du nichts Nettes zu sagen hast …

Im Angesicht einer Tragödie wie des terroristischen Sprengstoffanschlags, der 1988 zum Absturz eines Verkehrsflugzeugs über der schottischen Kleinstadt Lockerbie führte, muss es selbst dem eloquentesten Redner schwerfallen, seinen Gefühlen einen angemessenen Ausdruck zu verleihen. Damals hatten 270 Menschen ihr Leben verloren, aber durch den Treibstoff der abgestürzten Maschine war es auch zu Bränden gekommen. Fünf Jahre später stattete Prinz Philip, in dessen Wohnsitz Windsor Castle es kurz zuvor gebrannt hatte, Lockerbie einen Besuch ab. Obwohl er seinen Worten zweifellos eine tröstliche Note geben wollte, wird dies als einer der Momente in Erinnerung bleiben, in denen er besser geschwiegen hätte:

«Man sagt ja, dass nach einem Feuer der Wasserschaden das Schlimmste ist. Wir sind immer noch dabei, Windsor Castle trocken zu bekommen.»

Flug der Karibik

Wer wie der Herzog den größten Teil seines Lebens in Luxus verbracht hat, für den muss die Alltagserfahrung von uns Normalsterblichen eine ständige Überraschung darstellen. In einer Rede vor der Aircraft Research Association im Jahr 2002 verlieh Philip seinem Horror vor der Vorstellung eines ganz normalen Linienflugs Ausdruck:

«Wenn Sie so viel reisen wie wir, dann wissen Sie die Verbesserungen im Flugzeugdesign – weniger Lärm und mehr Komfort zum Beispiel – zu schätzen. Vorausgesetzt,

Sie fliegen nicht in der sogenannten Economy Class, was wirklich schauderhaft klingt.»

Absolut.

Königlicher Rat

Wenn es darum geht, Anteilnahme für die Nöte der Menschen mit Geldsorgen an den Tag zu legen, ist die Bilanz des europäischen Hochadels nicht eben beeindruckend. Marie-Antoinettes berüchtigte Bemerkung, die französischen Bauern mögen doch einfach Kuchen essen, wenn sie gerade kein Brot hätten, spricht in dieser Hinsicht Bände. Rund 200 Jahre später setzte der Herzog von Edinburgh diese stolze Tradition der königlichen Ahnungslosigkeit fort, als er einen mittellosen Studenten traf und hilfreich vorschlug:

«Warum ziehen Sie nicht in ein Hostel, um Geld zu sparen?»

Wissen Sie eigentlich, wer ich bin?

Lange bevor getönte Scheiben zum bevorzugten Auto-Accessoire von Gangsta-Rappern und Spoiler-Freaks wurden, waren sie das Vorrecht paparazzischeuer Royals, die ihren Alltagsgeschäften nachgingen. Das hängt damit zusammen, dass die Royals im Allgemeinen ganz schöne Heimlichtuer sind. Doch gelegentlich hat es auch eindeutig seine Vorteile, erkannt zu werden, so zum Beispiel, wenn man auf einen Parkplatz wartet. Und als im Jahr 1997 ein Parkplatzwächter den wartenden Prinz Philip nicht erkannte, bellte dieser ihn postwendend an:

«Sie hirnloser Blödmann!»

Allerdings, das muss man zur Verteidigung des Herzogs anmerken, hätte die Tatsache, dass er mit einer vierspännigen Kutsche unterwegs war, schon ein gewisser Hinweis sein können.

Wer schreibt, der bleibt

2003 fasste sich ein patriotischer Jugendlicher, George Barlow, ein Herz und schrieb einen Brief an die Queen und den Prinzgemahl, in dem er die beiden einlud, seine Schule in Romsford in Essex zu besuchen. Zweifellos war er überglücklich, als das königliche Paar seine Einladung annahm. Jedenfalls bis zu dem Moment, als Prinz Philip persönlich seine Hand schüttelte und den denkwürdigen Augenblick mit der Bemerkung

«Ah, du bist derjenige, der den Brief geschrieben hat.
Schreiben kannst du also?»

ruinierte.

Flieger, grüß mir die Sonne

Im Oktober 2003 absolvierte die Concorde, das erste kommerzielle Überschallflugzeug der Welt, ihren letzten Transatlantikflug. Das Flugzeug war in seinen fast 30 Dienstjahren zu einer nationalen Ikone geworden, und es herrschte großes Bedauern über seine Pensionierung. Eine Ausnahme allerdings gab es: Prinz Philip, der einen großen Teil dieser 30 Jahre im Buckingham Palace verbracht hatte, direkt unterhalb der Flugschneise der Maschine:

«Ich bin wahrscheinlich der einzige Mensch in Großbritannien, der froh ist, dieses Flugzeug nicht mehr sehen zu müssen.»

Der Charmeur

Als die 13-jährige Prinzessin Elizabeth im Jahr 1939 zum ersten Mal ein Auge auf den fünf Jahre älteren Philip warf, begleitete sie gerade ihren Vater, König George VI., bei einem Besuch im Royal Naval College in Dartmouth. Der junge Marinesoldat stand zu dieser Zeit bereits in dem Ruf, ein Herzensbrecher zu sein. In seinen frühen Jahren betörte er manch zartes Pflänzchen mit seiner eleganten Erscheinung und seiner einnehmend lässigen Art. Doch zu unserem Glück bemühte er sich – wie zum Ausgleich – in den folgenden knapp 80 Jahren nach Kräften, Frauen überall auf der Welt vor den Kopf zu stoßen, mit einer einzigartigen Mischung aus ungefragter Anzüglichkeit und etwas, das man höflich als altmodische Haltung in Fragen der Geschlechterordnung bezeichnen könnte …

Ärger mit dem Gesetz

Der Herzog liebt Wortspiele, und er hat den Esprit und die sprachliche Gewandtheit, die nötig sind, um auf diesem Gebiet zu glänzen. Doch wie jeder Comedian weiß, zünden auch die besten Pointen nur dann, wenn man sein Publikum kennt, und in dieser Hinsicht liegt unser Herzog bisweilen daneben. Ein gutes Beispiel ist das Zusammentreffen mit einer Anwältin, englisch «solicitor», im Jahr 1987, das ihn zu der flapsigen Bemerkung inspirierte:

«I thought it was against the law for a woman to solicit. – Ich dachte, es sei gesetzlich verboten, dass Frauen um Freier werben.»

Schnitt zum Geräusch von betretenem Schweigen.

Misserfolgsrezept

Das hochgeschätzte Women's Institute wurde während des Ersten Weltkriegs von patriotischen Frauen gegründet, die England mit der Produktion von Lebensmitteln unterstützen wollten, in einer Zeit, als es im Würgegriff der Seeblockade lag. Angesichts dieser Ursprünge als Nahrungsbeschafferin der Nation dürfte die schottische Sektion des Women's Institute ein wenig brüskiert gewesen sein, als Prinz Philip 1961 erklärte:

«Britische Frauen können einfach nicht kochen.»

Männlein oder …

Die Probleme des Herzogs mit den Frauen haben ihren Ursprung meist in seinen altmodischen Manieren und dem, was einige als seinen latenten Sexismus bezeichnen. In zumindest einem Fall jedoch brachte er sich damit in Schwierigkeiten, dass er offenbar nicht in der Lage war, eine Frau im nichtmetaphorischen Sinne zu «erkennen». Als er 1984 einer Kenianerin vorgestellt wurde, sprach er die sechs Worte aus, die keine Angehörige des anderen Geschlechts jemals hören möchte:

*«Sie **sind** doch eine Frau, oder?»*

Leichtmatrose

Mit seinen vielen Jahren an Konversationserfahrung ist Prinz Philip ein Meister des Smalltalks. Als er im Jahr 2010 die Marine-Jugendorganisation der Sea Cadets besuchte, fragte er eine der jungen Frauen, denen er vorgestellt wurde, was sie beruflich mache. Nachdem er hörte, dass sie in einem Nachtclub arbeite, stellte er naturgemäß die naheliegende Anschlussfrage:

«Ein Stripclub?»

Die Kadettin tat ihr Bestes, ruhig zu bleiben, und antwortete höflich, nein, sie arbeite als Barkeeperin. Philip witterte den Fauxpas und ist zu gut erzogen, um eine unangenehme Pause in der Unterhaltung entstehen zu lassen, so dass er sich umgehend mit dem Hinweis korrigierte, es sei

«wahrscheinlich ohnehin zu kalt dazu».

Gut gerettet, Eure Hoheit. Ähem.

Schlüpfriges Thema

Frauen dürfen mittlerweile erwarten, dass sie ernst genommen werden, zumal dann, wenn sie in der Politik tätig sind. Die ehemalige Vorsitzende der schottischen Tory-Partei Annabel Goldie mag deshalb ein wenig verunsichert gewesen sein, als Prinz Philip einen weiten Bogen um die politischen Themen des Tages machte, um einen etwas pubertären Smalltalk über ihre in schottischem Tartanmuster gehaltene Garderobe zu beginnen:

> *«Das ist eine hübsche Krawatte … Haben Sie auch Unterhosen aus diesem Material?»*

Volltreffer!

So sehr wir den Herzog für seine klaren Worte lieben – manchmal fällt es wirklich schwer, seine Ausrutscher so zu begründen, als wäre nicht zumindest eine leichte Doppelmoral mit im Spiel. 1988 zum Beispiel erklärte er:

> *«Ich glaube nicht, dass eine Prostituierte mehr Moral hat als eine Ehefrau, aber sie tun das Gleiche.»*

Hmmm. Sollen wir lieber das Thema wechseln?

Ab in die Ecke

Es ist nicht leicht zu definieren, was Feminismus im 21. Jahrhundert bedeutet. Feminismus ist ein komplexes Konzept, das sich beständig weiterentwickelt. Die meisten Menschen würden sich aber wohl darauf verständigen können, dass es sich dabei nicht einfach um eine Gruppe von Frauen handelt, die um einen Tisch herumsitzen. Prinz Philip allerdings ist sich da nicht so sicher, wie er unter Beweis stellte, als er bei einem

Event im Jahr 2000 auf eine Zusammenkunft von weiblichen Labour-Abgeordneten stieß und herausplatzte:

«Hier ist also die Feministinnen-Ecke!»

Die Dinge beim Namen nennen

Prinz Philip war in seinen ersten Lebensjahren einer furchteinflößenden, rauen Welt ausgesetzt: zuerst auf der Flucht vor der türkischen Armee, die seine Heimat Griechenland überrannt hatte, später in der Privatschule Gordonstoun, die für ihre strikte Disziplin bekannt ist. Wir sollten also Verständnis für ihn haben, wenn er uns für Jammerlappen hält, für Weicheier, die keine echten Entbehrungen kennen und bei jeder Kleinigkeit, die nicht nach unserem Kopf geht, ein Lamento anstimmen. Und wenn man ehrlich ist, muss man zugeben: Manchmal ist das Urteil des Herzogs auch erfrischend treffsicher …

Gegen den Trent

Prinz Philip muss nicht jedes Mal in ein fernes Land wie China fliegen, um von seinem Reiseziel enttäuscht zu sein. So war er 1997 nach einer kurzen Autobahnfahrt entlang der M1 nach Stoke-on-Trent in der Lage, offiziell zu verkünden, diese Stadt sei

«furchtbar».

Vielleicht möchten seine nächsten Gastgeber ihm die Anreise ersparen und ihm die Möglichkeit geben, sein Urteil einfach per Telefon durchzugeben.

Klare Sprache

Man mag über Prinz Philips Manieren – oder die Abwesenheit derselben – sagen, was man will, wir müssen jedenfalls keine Angst haben, er könnte hinter unserem Rücken schlecht von uns reden. Um es auf einen einfachen Nenner zu bringen: Wenn er Sie nicht mag, wird er es Ihnen mit Vergnügen direkt ins Gesicht sagen. So etwa im Jahr 1970, als er einem Regierungsbeamten in unmissverständlichen Worten mitteilte, wie er ihre Beziehung beurteilte:

«Sie sind bloß ein dummer kleiner Trottel aus Whitehall: Sie trauen mir nicht und ich traue Ihnen nicht.»

Nun, das ist dann wohl ein Name mehr, den man von der Weihnachtskartenliste streichen kann.

Unentschieden

Blickt man zurück auf die vielen Aussprüche des Herzogs, wird klar, dass er hin und wieder eine prophetische Ader hat. Nach der Rezession von 1981, als die Aktienwerte auf einen historischen Tiefstand gefallen waren, erwiesen sich seine Worte als ebenso treffend, wie sie es 30 Jahre später erneut sein sollten:

«Vor ein paar Jahren sagte jeder, wir brauchen mehr Freizeit, alle arbeiten zu viel. Jetzt, wo alle mehr Freizeit haben, beschweren sie sich, dass sie arbeitslos sind. Die Menschen wissen anscheinend nicht, was sie wollen.»

Fehlgeleitetes Mitleid

Das entsetzliche Massaker von Dunblane, bei dem 1996 ein verrückter Amokläufer 16 Grundschulkinder und ihre Lehrerin ermordete, schockierte die gesamte Nation. Da der Täter, ein ehemaliger Pfadfinderführer namens Thomas Hamilton, einen Waffenschein für die Revolver hatte, die er bei seiner Tat benutzte, setzte eine landesweite Debatte darüber ein, ob es legal sein sollte, Waffen zu besitzen, und sei es auch nur für etwas so scheinbar Harmloses wie Sport. Prinz Philip (ein großer Fan des Schießsports) mischte sich in die Diskussion mit einem Argument ein, das ebenso stichhaltig wie ungeschickt war:

«Wenn ein Kricketspieler plötzlich auf die Idee kommt, in eine Schule zu gehen und eine Menge Leute mit einem Kricketschläger totzuschlagen, wollen wir dann die Kricketschläger verbieten?»

Hart, aber herzlich

Philip wurde als Marineoffizier während des Zweiten Weltkriegs mehrfach ausgezeichnet – einmal heckte er einen genialen Plan aus, um mit Hilfe eines Ablenkungs-Schiffs sein Kriegsschiff aus der Reichweite der kreisenden Bomber zu retten. Wenn also seine Ansichten zum heutigen Militär etwas harsch erscheinen, können wir ihm zumindest zugutehalten, dass er aus Erfahrung spricht. So sagte er 1995:

«Wir bekamen damals nicht jedes Mal psychologische Betreuung, wenn jemandem eine Schusswaffe losging. Man machte einfach weiter!»

Das Problem mit den Touristen

Jeder, der einmal in London gelebt hat, weiß es: Der endlose Strom der Touristen, die die Straßen verstopfen, kann einem mit der Zeit an den Nerven zerren. Haben wir also ein wenig Mitgefühl mit dem unglücklichen Prinzen, der, wie er 2002 bei einer Rede im Londoner Rathaus erklärte, es ertragen muss, in einer der größten Touristenattraktionen der Welt zu leben – und für den vermutlich selbst ein Abstecher zum Tante-Emma-Laden an der Ecke ein Albtraum ist:

«Wenn wir dem Tourismus Einhalt gebieten könnten, könnten wir auch die Staus in den Griff bekommen.»

Kinder sind nicht unsere Zukunft

Im Lauf der Jahre hat sich Prinz Philip als Gründer und Schirmherr einer Reihe von ausgesprochen verdienstvollen Wohlfahrtsorganisationen engagiert. Vielleicht die bedeutendste davon ist das *Duke of Edinburgh's Award*-Programm, das sich in den 55 Jahren seines Bestehens dafür eingesetzt hat, das soziale Engagement unzähliger junger Menschen zu fördern. Vor diesem Hintergrund mag es überraschen, dass Philip ein so wenig schmeichelhaftes Bild von der Jugend seines Landes hat, wie er 2006 in einer Rede bekannte:

«Junge Menschen sind heute so, wie sie immer waren. Genauso ahnungslos.»

Man kann nur hoffen, dass das nicht bedeutet, dass er sein Geld zurückhaben will.

Der erste Weight Watcher

Ein Mitglied der königlichen Familie zu treffen, ist für jeden jungen Menschen eine ganz besondere Erfahrung, ein Moment, dem man mit freudiger Erwartung entgegenfiebert. Doch selbst wenn der gerade einmal 13-jährige Andrew Adams sich in jener Nacht im Jahr 1998 schlaflos im Bett hin und her wälzte, weil er am nächsten Tag Prinz Philip treffen sollte, dürfte er vermutlich auch nicht ansatzweise erahnt haben, welche Worte der Weisheit Seine Hoheit ihm mit auf den Weg geben würde:

«Du könntest aber mal ein bisschen abnehmen.»

Aua.

Kein kleiner Schritt …

Dass der Herzog auf das Thema Körpergewicht tatsächlich ein wenig fixiert ist – wenn auch eher bei Kindern als bei sich selbst –, bewies er, als er die Träume eines weiteren 13-jährigen Jungen zunichtemachte, der sich wünschte, einmal Kommandant eines Space Shuttle zu werden:

«Na, da wirst du sicher nie drin fliegen, du bist zu dick, um Astronaut zu werden.»

Königliches Durcheinander

Manchmal sind die verbalen Ausrutscher des Herzogs nicht das Ergebnis einer präzise lancierten Beleidigung, sondern resultieren schlicht und einfach aus einer allzu dichten Terminplanung. Dies war wohl der Fall, als Philip 2005 eine technische Hochschule besuchte und umgehend sein Urteil fällte:

«Sieht nicht so aus, als würde an dieser Universität viel studiert werden.»

In diesem Moment musste sich einer der Begleiter Seiner Hoheit zu ihm hinüberbeugen und ihm taktvoll zuflüstern, dass er hierhergekommen war, um den neuen Bau feierlich zu eröffnen!

Eine haarige Sache

Wenn Sie zu einem Empfang im Buckingham Palace geladen sind, sollten Sie sich tunlichst von Ihrer besten Seite zeigen – sonst wird Ihnen der Prinz in seiner Rolle als königlicher Modezar Ihre Defizite sehr deutlich zu verstehen geben. Das war besonders unangenehm für einen jungen Modedesigner, der 2009 geladen war und umgehend gesagt bekam, dass seine Gesichtsbehaarung nicht viel hermachte:

«Ihren Bart haben Sie nicht so besonders designt, was? Beim Bart müssen Sie wirklich nochmal nachbessern.»

No Smoking

Prinz Philip duldet keine Schludrigkeit oder Nachlässigkeit – egal, wer Sie sind oder wo Sie herkommen. Das bekam auch ein chilenischer Abgeordneter zu spüren, der bei einem Empfang im Palast im Jahr 1955 statt in einem Smoking im Business-Anzug erschien:

«Warum sind Sie so angezogen?»,

blaffte ihn der Herzog an. «Wir sind arm, und ich konnte mir keinen Smoking leisten, deshalb hat meine Delegation gesagt, ich solle einen Business-Anzug anziehen», erwiderte der Gast betreten.

«Ich vermute, wenn man Ihnen gesagt hätte, Sie sollten eine Badehose anziehen, hätten Sie das auch gemacht!»,

konterte der Herzog erbarmungslos.

Graf Duke-u-la

Vor dem Spott des Duke of Edinburgh ist niemand gefeit, weder Verwandte noch Gäste und ganz sicher keine Kinder. Das musste auch eine Gruppe von Schülerinnen erfahren, die 1998 den Palast besuchten und in ihren leuchtend roten Schuluniformen vor dem königlichen Paar standen:

«Damit seht ihr alle aus wie Draculas Töchter!»,

platzte der Herzog heraus. Dracula? Sagt gerade der Richtige, Eure Hoheit!

Abwärts

Prinz Philip kann unglaublich grob sein, doch ist er das in aller Regel auf so witzige Art und Weise, dass es bisweilen sogar den Zielscheiben seiner Beleidigungen schwer fällt, sich ein Kichern zu verkneifen. So dürfte es auch einige mühsam unterdrückte Lacher gegeben haben, als bei der Eröffnung einer 500 000 Pfund teuren Erweiterung des Heriot-Watt College in Edinburgh der Aufzug mitsamt den königlichen Besuchern steckenblieb und der Herzog gnadenlos spottete:

«So was kann auch nur in einer technischen Hochschule passieren.»

Nordlichter

Zwar kann ein Herzog davon ausgehen, dass er einen großen Teil seines Lebens damit verbringt, Paläste, Bankettsäle und andere glamouröse Örtlichkeiten abzuklappern, doch es ist eben auch Teil seines Jobs, in deutlich weniger opulenter Umgebung seine diplomatischen Dienste zu verrichten. Prinz Philip muss allerdings seine diplomatischen Fähigkeiten an der Garderobe abgegeben haben, als er 2003 die Fir Vale Gesamtschule in Sheffield besuchte und einer Gruppe überraschter Eltern verkündete:

«Waren Sie hier in der schlechten alten Zeit? Das ist der Grund, warum Sie nicht lesen und schreiben können!»

Bitte zahlen!

Niemand kann den Preis einer guten Ausbildung bestimmen … außer dem Herzog von Edinburgh. Er ist nur zu gerne bereit, den Nutzen akademischer Investitionen zu preisen, solange er gleichzeitig über andere öffentliche Projekte herziehen darf. So geschehen, als er das neue, 56 Millionen Pfund teure Mathematikzentrum der Universität Cambridge eröffnete:

«Das hier kostet weitaus weniger als der Londoner Millenium Dome. Und ich denke, es wird eine ganze Ecke nützlicher sein.»

Rinderwahn

Die britische Rindfleischindustrie musste im 20. Jahrhundert mit zwei großen Krisen fertig werden. Wir alle erinnern uns noch an die BSE-Epidemie der späten 80er und 90er Jahre. Weniger bekannt ist die das Vertrauen der Verbraucher untergrabende Breitseite, die Prinz Philip 1965 im Rahmen der Dairy Show, der Milchwirtschaftsmesse der Royal Association of British Dairy Farmers, abfeuerte:

«Nichts von dem Rindfleisch, das ich heutzutage vorgesetzt bekomme, ist essbar.»

Berühmt-berüchtigt

Seit Ende des letzten Jahrhunderts gehören Stars in die obersten Schichten unserer Gesellschaft und genießen ein Ansehen wie nie zuvor. Doch wie bei eingewanderten Beutetieren, die in ein neues Ökosystem hineinstolpern und direkt vor der Nase des Raubtiers an der Spitze der Nahrungskette landen, nimmt es auch bei ihnen manchmal kein schönes Ende. In den folgenden Fällen war natürlich Prinz Philip derjenige mit den scharfen Zähnen. Es ist schwer zu sagen, was genau es ist, das dem Herzog an den Berühmtheiten unserer Tage so missfällt. Letzten Endes mag es damit zu tun haben, dass es ihm als Royal, der an die alten dynastischen Verhältnisse gewöhnt ist, schwerfällt zu akzeptieren, dass die Menschen jemanden für eine große Persönlichkeit halten, nur weil der- oder diejenige auf eine bestimmte Art und Weise singen oder schauspielern kann. Wie dem auch sei, Philips Erstaunen über diese Tatsache äußert sich oft auf die gewohnt schroffe und – für uns – komische Art …

Der Mann mit dem goldenen Fettnapf

Das fortschreitende Alter bringt oftmals ein Nachlassen der Hörkraft mit sich. Doch das galt offensichtlich nicht für den 81-jährigen Prinz Philip, zumindest nicht genug, um ihm die Unannehmlichkeit zu ersparen, der Sängerin Madonna zuzuhören. Darüber ließ er niemanden im Unklaren, als er bei der Premiere des James-Bond-Films *Stirb an einem anderen Tag* im Jahr 2002 erfuhr, dass Madonna den Titelsong darbieten würde. Er fragte:

«Werden wir Ohrstöpsel brauchen?»

«My, my, my, Delilah ...»

Es ist sicher nicht angenehm, einen der vergifteten Kommentare des Herzogs abzubekommen, doch wieviel schlimmer noch muss sich der legendäre walisische Schnulzensänger Tom Jones gefühlt haben, der gleich dreimal ins Fadenkreuz von Prinz Philip geriet. Als sie 1969 nach einer *Royal Variety Performance* zum ersten Mal aufeinandertrafen, sprach der Prinz den Sänger wenig schmeichelhaft auf seine berühmte heisere Stimme an:

«Womit gurgeln Sie, mit Kieselsteinen?»

Philip unterstrich sein Urteil noch einmal, indem er seine Skepsis anmeldete, ob der Sänger und Superstar wirklich so toll war, wie er immer dargestellt wurde:

«Es ist mir unbegreiflich, wie es möglich ist, dass jemand so viel Geld verdient, indem er derart schauderhafte Lieder singt.»

Und als wäre der Waliser mit diesen Kommentaren nicht schon genug gestraft, wurde er bei späterer Gelegenheit von einem schlecht gelaunten Prinzen noch einmal namentlich herausgegriffen, als dieser die Vorstellung von sich wies, die britische Wirtschaftsleistung würde stagnieren:

«Und was ist mit Tom Jones? Er hat eine Million verdient, dabei ist er ein grauenhafter Sänger.»

The Duke's Alright for Fighting

Der in Watford nordwestlich von London geborene Elton John ist für seinen extravaganten Geschmack und verschwenderischen Lebensstil berühmt. Er hätte aber wissen müssen, dass es keine gute Idee ist, seine Spielzeuge vor der Nase von Prinz Philip zur Schau zu stellen, der eine geradezu pathologische Abneigung gegen Prahlerei hegt. Als Philip 2001 bei einem Empfang im Buckingham Palace den goldenen Aston Martin des Sängers erblickte, nutzte er die Gelegenheit, ihm Bescheid zu geben:

«Oh, Ihnen gehört dieser furchtbare Wagen? Wir sehen ihn öfters, wenn wir nach Schloss Windsor fahren.»

Und als der Herzog und sein treues Eheweib im selben Jahr bei der *Royal Variety Performance* einem Auftritt von Elton John beiwohnten, bei dem dieser mit dem Rücken zur königlichen Loge sang, flüsterte die Queen ihrem Mann zu: «Ich wünschte, er würde das Mikrofon zur Seite drehen», woraufhin der Herzog schnippisch erwiderte:

«Ich wünschte, er würde das Mikrofon abdrehen!»

Professioneller Rat

Weil unser Prinz noch nie einen normalen Bürojob ausüben musste, kann man vielleicht Nachsicht mit ihm haben, wenn er sich mit den Details des Berufsalltags eines gewöhnlichen

Sterblichen nicht allzu gut auskennt. Als ihm 2008 die australische *Herr der Ringe*-Darstellerin Cate Blanchett mit der Bemerkung vorgestellt wurde, sie arbeite «in der Filmindustrie», zog er automatisch den Schluss, dass sie genau die Richtige wäre, die er zum Anschließen seines DVD-Players befragen könnte:

«Hinten kommt ein Kabel raus. Können Sie mir vielleicht sagen, wo das hingehen soll?»

Und jetzt … die Nachrichten

Michael Buerk hat eine lange Karriere als hochangesehener Nachrichtensprecher bei der BBC hinter sich und hat die Nation mehr als 30 Jahre lang mit Informationen versorgt. Doch seine professionellen Referenzen machten offenbar keinen besonderen Eindruck auf einen mürrischen Prinz Philip, als man diesem 2004 mitteilte, dass der Fernsehmann recht gut über das *Duke of Edinburgh's Award*-Programm Bescheid wusste. Einziger Kommentar des Herzogs:

«Das ist dann ja mehr, als Sie über irgendetwas anderes wissen.»

Der Familienmensch

Damit gar nicht erst der Verdacht aufkommt, Prinz Philip sei ein Anhänger von Vetternwirtschaft, sei an dieser Stelle festgehalten, dass auch der Windsor-Clan – also gewissermaßen die Stars der alten Schule – regelmäßig die herzoglichen Leviten gelesen bekommt. Jeder sollte zuerst vor seiner eigenen Tür kehren und verbale Klapse verteilen. So beschrieb Philip 1986 das Haus seines Sohnes Andrew, des Herzogs von York, mit den Worten, es sehe aus wie

«das Schlafzimmer einer Nutte».

Die Liebe des Herzogs zu seinem Nachwuchs kennt keine Favoriten – auch seine Tochter, die Pferdenärrin Prinzessin Anne, bekam ihr Fett weg, als ihr stolzer Vater sie einmal in recht ungewöhnlichen Worten charakterisierte:

«Wenn es nicht furzt oder Heu frisst, ist sie nicht interessiert.»

Philip und die Presse

Manchmal mag einem die Gnadenlosigkeit, die der Herzog seinen nichtsahnenden Opfern gegenüber an den Tag legt, ungerechtfertigt erscheinen, etwa wenn er wirtschaftlich benachteiligte Palastbesucher dafür herunterputzt, dass sie dem Dresscode nicht entsprechen, oder beflissene Schulkinder für Kleinigkeiten tadelt. Doch wenn er sich die vierte Gewalt vorknöpft, muss man einfach sagen, dass deren Vertreter sich ihre Abreibungen in aller Regel redlich verdient haben. Vergessen Sie ehebrecherische Fußballstars, die sich hinter einstweiligen Verfügungen verstecken – wenn es um unethische Berichterstattung geht, sind es die Royals, die wirklich Grund zur Klage haben: von Schmierenkampagnen und angezapften Telefonen bis hin zu dem entsetzlichen Medienzirkus, der dem Tod von Prinzessin Diana folgte. Ehrlich gesagt, es ist geradezu wohltuend zu sehen, wie Prinz Philip Journalisten Saures gibt …

Frostiger Empfang

Wir alle kennen dieses Gefühl der Anspannung, wenn man auf einer Party ist, wo man kaum jemanden kennt, und sich beklommen fragt, ob man nicht doch besser zu Hause geblieben wäre. Meist sind es nur die eigenen Nerven, die sich da melden, doch Simon Kelner, Leitartikler der Tageszeitung *The Independent* mit notorisch republikanischen Ansichten, hatte bei einem Empfang auf Schloss Windsor durchaus handfeste Gründe, sich unbehaglich zu fühlen, als Prinz Philip ihn auf seine unnachahmliche Art begrüßte:

«Was machen Sie denn hier?»

«Ich wurde eingeladen, Sir.»

«Na, Sie hätten ja nicht kommen müssen.»

Karibischer Klopfer

Wie wir gesehen haben, besitzt Philip das Talent, in heiklen Situationen, die eine sensible Wortwahl und viel Taktgefühl erfordern, die ganze Eleganz eines sturzbetrunkenen Elefanten in einem miserabel beleuchteten Porzellanladen an den Tag zu legen. Denkt man sich dann noch die leidenschaftliche Abneigung hinzu, die er der Presse entgegenbringt, wird klar, dass er sich in gewissen Situationen einfach nicht zurückhalten kann. So konnte er sich beispielsweise 1966 beim Besuch eines Krankenhauses in der Karibik während einer Malariaepidemie nicht verkneifen, im Gespräch mit einer vermutlich ziemlich verdutzten Oberschwester zu witzeln:

«Sie haben Moskitos. Ich habe die Presse.»

Voll auf die Presse

Der Herzog hält, so viel darf als gesichert gelten, alle Zeitungsmenschen für bösartig. Doch einen ganz besonderen Platz in seinem Herzen hat er für die Schmierfinken von der Boulevardpresse reserviert, die ihn mehr als einmal mit ihren spitzen Federn gepiesackt haben. Als ihm 2003 am Rande einer Fundraising-Veranstaltung der Vertreter eines besonders berüchtigten Blattes vorgestellt wurde, ließ er ihm keine Chance:

«Und woher kommen Sie?»,

wollte Seine Königliche Hoheit wissen. «Von der *Sun*, Sir.»

«Oh nein … Das sieht man Ihnen aber von außen nicht an.»

Kaltblütig

In diesen Zeiten von Soundbites und allgegenwärtigen Mikrofonen müssen Prominente darauf gefasst sein, dass jedes Wort von ihnen aufgeschnappt und von der Klatschpresse als Schlagzeile verwendet wird. Doch damals, im Jahr 1983, als

Prinz Philip im Garten eines Regierungsgebäudes in Bangladesch bereitstand, um die Gäste einer Cocktailparty zu begrüßen, war er verständlicherweise nicht darauf gefasst, belauscht zu werden, als er das Herannahen der Presse mit den Worten kommentierte:

«Hier kommen die verdammten Reptilien!»

Zumindest gehen wir davon aus, dass er es nicht wusste …

Sir Wer?

Kein Prominenter sollte annehmen, dass er künftig vor der Kritik des Prinzen gefeit sei, nur weil er selbst geadelt wurde. Sir Michael Bishop, Chairman des Fernsehsenders Channel 4, bekam das zu spüren, als er im Dezember 1996 am Rand einer Filmpremiere mit Prinz Philip zusammentraf:

«Sie sind also verantwortlich für den Mist, der von Channel 4 produziert wird!»

Der grüne Mann

Es mag auf den ersten Blick überraschen, dass jemand, der in vieler Hinsicht eher altmodisch erscheint, ein so feines Gespür für ökologische Verantwortung besitzt. Als Schirmherr einer Reihe von gemeinnützigen Umweltorganisationen ist Prinz Philip zu einem entschiedenen Fürsprecher für den Umweltschutz geworden und hat nebenbei noch den Weg geebnet für seinen Sohn Charles, damit dieser zu dem Anti-Genfood-Eiferer werden konnte, der er heute ist. Doch wenn es darum geht, seinen grünen

Ansichten Ausdruck zu verleihen, ist der Herzog kein bisschen weniger direkt als bei jedem anderen Thema – und er ist auch genauso schnell bei der Sache, wo es gilt, andere abzukanzeln, die seinen Vorstellungen nicht entsprechen …

Die Hand, die dich füttert

1991 wurde Prinz Philip in Thailand mit einem Umweltpreis geehrt, und man hätte eigentlich erwarten können, dass er nicht postwendend die Hand beißen würde, die ihn da gerade gefüttert hatte. Aber wer kann schon aus seiner Haut … Natürlich tat er genau das:

«Ihr Land gehört zu den schlimmsten Zentren des Handels mit gefährdeten Arten»,

beschied er seinem verdatterten Publikum.

Der frühe Vogel

Der Herzog hat wiederholt unter Beweis gestellt, dass er absolut kein Wischiwaschi-Grüner, sondern ein gnadenloser Pragmatiker ist, wenn es um Artenschutz geht. So hatte er für ein Projekt zum Schutz bedrohter Turteltauben auf der Antillen-Insel Anguilla den folgenden originellen Vorschlag:

«Katzen töten viel mehr Vögel als Menschen. Warum arbeiten Sie nicht mit dem Slogan: ‹Töte eine Katze, rette einen Vogel›?»

Vorsicht da unten!

Wie wir bereits feststellen konnten, hat Philip ein besonderes modisches Interesse an Unterbekleidung. So gesehen war es vielleicht ganz natürlich, dass er als der umweltbewusste Mensch, der er nun einmal ist, bei einem Event im Jahr 1993 eine Modejournalistin als Erstes fragte:

«Sie tragen doch nicht etwa Nerz-Unterhosen, oder?»

Über-Fluss

Fischfarmen haben einen zweifelhaften Ruf, was ihre Umweltverträglichkeit angeht – kein Wunder angesichts der alarmierenden Berichte über Abwasserlecks und Pilzepidemien, die den Sauerstoffhaushalt ganzer Flusssysteme durcheinandergebracht haben. Doch man muss fairerweise sagen, dass die Farmen sich in den letzten Jahren zunehmend bemüht haben, die von ihnen verursachten Umweltbelastungen zu minimieren. Deshalb mag der Unmut, der einem schottischen Fischzüchter von Prinz Philip entgegenschlug, ein wenig unangebracht gewesen sein:

«Oh! Sie gehören zu den Leuten, die die Flüsse ruinieren.»

Krok-Schock

Niemand kann behaupten, der Herzog würde mit zweierlei Maß messen. Allerdings dürfte sein blutrünstiger Bericht über das Erschießen eines Krokodils in Gambia im Jahr 1957 den einen oder anderen irritiert haben. Vielleicht hatte Philip zu dieser Zeit noch kein grünes Gewissen entwickelt:

«Es ist kein besonders großes Krokodil, aber immerhin ist es tot, und es war verdammt schwer umzubringen!»

Stopfen Sie sich das in die Pfeife

Mit seinem satirischen Naturell hat Prinz Philip immer ein waches Auge für absurde Situationen. Bei einer Rede vor dem Institute of Fuel im Jahr 1954 konnte er sich nicht enthalten, folgende treffende Bemerkung einzuflechten:

«Es ist ein wunderbarer Anblick, Mitglieder des Instituts für Brennstoffe vor sich sitzen und wie die sprichwörtlichen Fabrikschlote qualmen zu sehen.»

Heute nicht, Schatz

Wir haben bereits gesehen, dass Prinz Philip für den Charme der chinesischen Kultur weitgehend unempfänglich ist. Bei einem Besuch in New York im Jahr 1962 sprach er über sein Unverständnis gegenüber einer besonders barbarischen landestypischen Praxis – dem Töten von Nashörnern, um das Pulver aus ihren Hörnern als Aphrodisiakum zu verkaufen:

«Unbegreiflich! Man könnte genauso gut Stuhlbeine zu Pulver verarbeiten!»

Verhütung

Manche Aussagen des Herzogs schreien förmlich nach einer näheren Erläuterung – doch da Menschen in seiner Position in aller Regel nicht für Rückfragen zur Verfügung stehen, können wir lediglich staunen und spekulieren. Wie 1994, als Philip in Anguilla auf einen karibischen Kaninchenzüchter traf und ihm den folgenden überraschenden und faszinierenden Rat mit auf den Weg gab:

«Geben Sie Ihren Kaninchen keine Papayas als Futter –

die wirken als Verhütungsmittel. Andererseits, wer weiß, ob das bei Kaninchen funktioniert.»

Im Fadenkreuz

Die Jagd spielt seit jeher eine große Rolle in der königlichen Freizeitgestaltung – schon William der Eroberer, der Urahn der englischen Monarchen, verlor im 11. Jahrhundert zwei seiner Söhne im New Forest durch unvorsichtig abgefeuerte Jagdpfeile. Vielleicht war es diese historische Verbindung, die Prinz Philip bewog, sich 2004 in die Debatte um ein mögliches Verbot der traditionellen Fuchsjagd einzumischen:

«Es ist eine merkwürdige Idee, die Fuchsjagd zu verbieten, schließlich ist sie die einzige Form der Jagd, deren Anhänger gar nicht erst in die Nähe eines wilden Tieres kommen.»

Political Correctness

Die westliche Welt hat sich in den 96 Jahren, die Prinz Philip auf Erden wandelt, dramatisch verändert: Die multikulturelle, bunte Gesellschaft, in der wir heute leben, muss einem Mann, der in den Jahren nach dem Ersten Weltkrieg großgezogen wurde, bisweilen sehr fremd erscheinen. Und so liegt der Herzog mit schönster Regelmäßigkeit mit der Welt über Kreuz, vor allem dann, wenn sein liebstes Feindbild, die *political correctness*, ins Spiel kommt …

«Blame it on the Boogie»

Ein dreifaches Hoch auf Prinz Philip, der sich als bewundernswert farbenblind erwies, als er 2009 den Gewinnern der Castingshow *Britain's Got Talent*, der multiethnischen Gruppe Diversity, vorgestellt wurde und sie fragte:

«Gehören Sie alle zu einer Familie?»

Die Tatsache, dass die Gruppe aus elf Mitgliedern besteht, deren Hautfarben praktisch das gesamte Spektrum des Regenbogens abdecken, spricht für das multikulturelle Leben in England, wenn auch vielleicht nicht direkt für die Sehschärfe des Herzogs.

Eine Familienangelegenheit

Der Geschäftsmann Atul Patel, dessen Nachname in Indien weitverbreitet ist, dürfte weniger angetan gewesen sein, als Philip bei einem Empfang für einflussreiche Inder im Jahr 2009 eine ähnliche Bemerkung machte:

«Eine Menge Verwandte von Ihnen hier heute Abend.»

Sattelt die Pferde

Philip und seine Kindheitsfreunde haben vielleicht nie Cowboy und Indianer zusammen gespielt. Wie auch immer, jedenfalls bewies der Herzog, dass er auf diesem Gebiet alles andere als sattelfest ist, als er im Jahr 2000 eine Fabrik in Schottland besuchte. Beim Blick auf einen Sicherungskasten bemerkte er:

«Sieht aus, als wäre er von einem **Indian** *eingebaut worden»*,

womit er einen Inder, aber auch einen Indianer gemeint haben könnte. Später korrigierte er sich:

«Ich meinte natürlich von einem Cowboy» –

einer gängigen Bezeichnung für einen pfuschenden Handwerker.

Heimspiel

Prinz Philip wurde 1921 geboren; er hatte bereits ein gutes Vierteljahrhundert seines Lebens hinter sich, als im Jahr 1948 die HMT Windrush das erste große Kontingent Einwanderer aus Jamaika nach London brachte. In seinen jungen Jahren waren also dunkelhäutige Gesichter auf englischen Straßen eine Seltenheit. Der schwarze Politiker Lord Taylor of Warwick hätte allerdings mit einiger Berechtigung erwarten können, dass Philip nicht auch noch im Jahr 1999 voreilig unangebrachte Schlüsse aus der Hautfarbe seines Gegenübers ziehen würde:

«Und aus welchem exotischen Teil der Welt stammen Sie?»

Rollkommando

Prinz Philip mag sich gedacht haben, dass Behinderte sich freuen, wenn er sich für ihre Bedürfnisse interessiert. Allerdings hätte auch er bedenken können, dass sich solches Interesse nur schwer vermittelt, wenn man den Eindruck erweckt, man könne sein Gegenüber kaum von einem ungeschickt platzierten Möbelstück unterscheiden. So fragte Philip 2002 eine an den Rollstuhl gefesselte Bewohnerin eines Pflegeheims:

«Stolpern die Leute über Sie?»

Offenbar spürte der Herzog, dass er damit einen seiner ganz speziellen Fauxpas produziert hatte, jedenfalls versuchte er sich umgehend ein zweites Mal an einer mitfühlenden Geste, indem er auf den elektrischen Rollstuhl der Frau zeigte und fragte:

«Braucht man einen Führerschein für so etwas?»

Stocksteif

Der Krug geht so lange zum Brunnen, bis er bricht – und wenn es um Rollstühle geht, kann der Herzog ganz offensichtlich einfach nicht an sich halten. Bei einer Gartenparty im Buckingham Palace wurde Philip ein Mann mittleren Alters im Rollstuhl vorgestellt, und der Prinz war auch diesmal in ungehemmter Fragestimmung:

«Warum haben Sie denn einen Stock, wenn Sie schon im Rollstuhl sitzen?»

Nichts hören ...

Im Jahr 2000 landete Philip einen weiteren Doppel-Volltreffer, als er nicht nur eine Gruppe gehörloser Kinder, sondern im selben Satz gleich auch noch die karibische Steelband, neben der sie standen, brüskierte:

«Taub? Kein Wunder, wenn ihr neben denen da steht.»

... und nichts sehen

Man kann Prinz Philip sicherlich vieles vorwerfen, ganz sicher aber nicht, dass er nicht peinlich genau auf Fairness achtet. Sobald er eine Gruppe körperlich Behinderter beleidigt hat, sorgt er umgehend für Ausgleich, indem er eine weitere Gruppe vor den Kopf stößt – in diesem Fall waren es die Sehbehinderten. So bemerkte er 2002 zu Susan Edwards und ihrem Blindenhund:

«Inzwischen soll es auch Esshunde für Magersüchtige geben.»

Eine seltsame Schlussfolgerung

Versuchen Sie niemals, die ganz eigene Logik des Herzogs herauszufordern – das macht die Sache nur noch schlimmer. Das musste zumindest der im Kulturbereich tätige Sukhvinder Stubbs am eigenen Leib erfahren, als es 2001 im Buckingham Palace zu folgendem bizarren Wortwechsel kam:

«Und sind Sie aus Guyana?»

«Äh, nein, ich komme aus Indien.»

«Ich bin sicher, es gibt auch Inder in Guyana, die kommen schließlich überall hin, oder?»

Preisgeld

Einen «Prinz Philip Spezial» abzubekommen, ist sicherlich in jedem Fall eine unangenehme Erfahrung – aber wieviel peinlicher muss es sein, wenn man eigentlich gerade eine Auszeichnung verliehen bekommt? Im Jahr 2010 erzählte eine junge Empfängerin des *Duke of Edinburgh's Award* dem noblen Stifter des Preises mit stolz glänzenden Augen, dass sie in Rumänien gewesen sei, um dort in einem Waisenhaus auszuhelfen. Die Erwiderung des Herzogs ließ ihre Kinnlade herunterklappen:

«Oh ja, es gibt eine ganze Menge Waisenhäuser in Rumänien – offensichtlich züchten sie die da.»

Auf fremdem Feld

Soldaten der britischen Armee haben in jüngerer Zeit an den tödlichen Kriegsschauplätzen des Nahen Ostens schwere Opfer gebracht. Vor diesem Hintergrund dürfte der ehemalige Soldat Jack Spencer überrascht gewesen sein, als Prinz Philip ihn 2001 bei einem Besuch in Chippenham im südwestlichen England lediglich zu seiner Zeit in einer anderen, aber möglicherweise nicht weniger gnadenlosen Umgebung befragte. «Ich habe früher beim Third Monmouthshire Regiment gedient», sagte Spencer.

«Warum geht man denn freiwillig nach Wales?»

Die irische Frage

Die englische Königsfamilie hat in ihren Jahrhunderten auf dem Thron eine Beziehung zu Irland gepflegt, die man höflich – wenn auch unzureichend – als «schwierig» umschreiben könnte. Vielleicht war es das Wissen um die ausgesprochen heikle Natur des Themas, was Prinz Philip 2004 dazu veranlasste, seiner charakteristischen Neigung zu unangebrachtem Humor freien Lauf zu lassen. Im Rahmen eines Staatsbesuchs in Deutschland traf er mit britischen Jugendlichen zusammen, die in Berlin die Folgen des Klimawandels studierten. Philip fragte den 16-jährigen Stuart Marks, woher er komme: «Ballyclare in Nordirland», lautete die Antwort. Als der 18-jährige Jack Logue direkt im Anschluss die gleiche Antwort gab, war der Herzog höchst amüsiert und kalauerte:

«Da haben wir ja endlich mal zwei Iren in einem Raum, die in einer Frage derselben Meinung sind.»

Sikhste wohl …

In der Sikh-Religion bezeichnet «Kes» die Praxis, sich die Haare nicht zu schneiden, ein Symbol für den Respekt des Gläubigen vor der Vollkommenheit von Gottes Schöpfung. Der Herzog hat, wie wir wissen, keinerlei Respekt – ob man nun ein Gott ist oder nicht –, und so fühlte er sich 2003 berufen, den indischstämmigen Polizisten Sarinder Singh mit Blick auf dessen Turban zu fragen:

«Wie um Himmels Willen kriegen Sie das unter Ihren Helm?»

Tiger im Tank

Angesichts der regelmäßig auftretenden Probleme des Herzogs mit der ethnischen Zuordnung seiner Gesprächspartner kann man von Glück sagen, wenn man von ihm auf dem richtigen Kontinent oder gar im richtigen Land verortet wird. Insofern konnte ein Geistlicher aus Sri Lanka sich mit dem Gedanken trösten, dass er zu den wenigen Glücklichen dieser Kategorie zählte, als er Prinz Philip beim Goldenen Thronjubiläum der Queen im Jahr 2002 vorgestellt wurde. Für nebensächliche Details wie die Frage, wer oder wie viele er denn nun genau war, reichte es allerdings nicht mehr ganz. Philips Frage an ihn:

«Sind Sie die Tamil Tigers?»

Dazu gehören immer zwei

Es geschieht nicht allzu oft, doch hin und wieder hat jemand die Kühnheit, eine flapsige Bemerkung von Prinz Philip mit einer eigenen Witzelei zu beantworten. Nur in ganz seltenen Fällen ist einem damit Erfolg beschieden. Einem Kricketspieler aus Simbabwe gelang just dieses Kunststück bei einem Empfang im Buckingham Palace während der Kricket-Weltmeisterschaft 1999, mit dem Ergebnis, dass der Herzog schallend zu lachen begann. Als der Spieler dicht hinter dem westindischen Team stehenblieb, fragte ihn der Herzog zweideutig:

«Spielen Sie etwa für das falsche Team?»,

was auch bedeuten konnte: Sind Sie etwa schwul? «Nein», antwortete der Simbabwer schlagfertig. «Ich spiele für Simbabwe, aber ich bin ausgestattet wie ein Westinder!»

Nein, danke

Persönliche Tragödien sind Prinz Philip durchaus nicht unbekannt – seine Mutter erkrankte an Schizophrenie, und seine Schwester Cecilie starb 1937 mit ihrem Mann und ihren beiden kleinen Söhnen bei einem Flugzeugabsturz. Doch irgendwie scheinen seine eigenen schlimmen Erlebnisse nicht dazu beigetragen zu haben, ihm ein Gefühl für die Probleme anderer Menschen zu geben. Das wurde auch im Jahr 1998 sichtbar, als er mit einer Frau, die zwei Söhne bei einem Brand verloren hatte, über Rauchmelder diskutierte:

«Diese Dinger sind eine verdammte Plage – ich habe einen davon in meinem Badezimmer, und jedes Mal, wenn ich mein Bad einlasse, wird er durch den Dampf ausgelöst.»

Selbstreflexion

Möglicherweise hat dieser Katalog verbaler Ausrutscher bei Ihnen ein gewisses Unbehagen hinsichtlich der zwar einzigartigen, aber bisweilen wenig durchdachten Konversationstechnik von Prinz Philip hinterlassen. Dann ist es jetzt an der Zeit, daran zu erinnern, dass niemand sich seiner Defizite klarer bewusst ist als der Herzog selbst. Seine Königliche Hoheit erkennt ein Fettnäpfchen, wenn er bis zu den Knöcheln darin steht, und er ist durchaus fähig und jederzeit willens, sich selbst durch den Kakao zu ziehen …

Spitting Image

Wie dieses Buch belegt, ist der Herzog oftmals das Opfer einer oralen Fehlfunktion, die sich über den Akt des Sprechens hinaus offenbar auch auf den der Nahrungsaufnahme erstreckt. Zumindest lautete seine Begründung, als er im Jahr 2000 dankend ablehnte, von einer Speise zu kosten:

«Nein, ich würde das wahrscheinlich am Ende über alle hier ausspucken.»

Ein Experte auf seinem Gebiet

1960 formulierte es der Herzog beim Verband der Zahnärzte so:

«Dontopedalogie ist die Wissenschaft davon, seinen Mund

zu öffnen und seinen Fuß hineinzustecken, was ich seit vielen Jahren übe.»

«To put your foot in your mouth» steht im Englischen vor allem für eines: die herzogliche Kunst, ins Fettnäpfchen zu treten.

Sich selbst treu bleiben

Das Halten von Tischreden kann für Prominente ein ausgesprochen lukratives Geschäft sein; die Honorare der gefragtesten Redner für einen abendlichen Auftritt liegen bei Hunderttausenden von Pfund. Bei diesen Tarifen kann es nicht anders sein, als dass das Publikum oft enttäuscht wird. Doch bei Prinz Philip weiß man immerhin im Voraus, was man bekommt, wie er bei einer Festveranstaltung im Jahr 1956 erklärte:

«Ich habe mir angewöhnt, am Anfang immer etwas Schmeichelhaftes zu sagen, damit man es mir nachsieht, sollte ich aus irgendwelchen Gründen später ins Fettnäpfchen treten.»

Und 1961 präzisierte er in einer Rede vor einer Gruppe von Industriellen:

«Ich hatte nie besondere Hemmungen, wenn es darum ging, über Themen zu sprechen, von denen ich keine Ahnung habe.»

Vernunftehe

Der Herzog von Edinburgh und Ihre Königliche Hoheit Queen Elizabeth II sind seit unglaublichen 70 Jahren verheiratet. Dabei gereicht es Prinz Philip zur Ehre, dass er es offenbar nie als selbstverständlich angesehen hat, mit einer Frau gesegnet zu sein, die in der Lage ist, sich mit seinem manchmal wirklich sehr unkonventionellen Gebaren abzufinden. 1997 ließ er die Welt wissen:

«Sie können mir glauben, die Queen verfügt über Toleranz im Überfluss.»

Einzigartig geistreich

Grob? Absolut. Unpassend? Oft. Doch Prinz Philip hat auch die wunderbare Fähigkeit, Menschen zum Lachen zu bringen – ob der Witz nun auf ihre oder auf seine Kosten geht. Und deshalb wollen wir uns zum Abschluss an jenen goldenen Geistesblitzen erfreuen, die den Herzog zu einer der unterhaltsamsten, wenn auch nicht unbedingt politisch korrektesten Persönlichkeiten im öffentlichen Leben unserer Zeit machen …

Sesam, öffne dich

Prinz Philip hat natürlich *the Blitz* erlebt, die Bombardierung Englands und speziell Londons durch die deutsche Luftwaffe im Zweiten Weltkrieg. Sicher, die meiste Zeit davon war er auf verschiedenen Kriegsschiffen auf irgendwelchen Weltmeeren stationiert. Aber in einer Rede an der Hertfordshire University im Jahr 2003 erinnerte er an den großartigen schwarzen Humor, der die Stärke des britischen Charakters damals wie heute ausmacht:

«Während des ***Blitz*** *wurden die Schaufensterscheiben vieler Geschäfte zerstört, und die Ladenbesitzer hängten Schilder auf mit der Aufschrift ‹Weiter geöffnet als gewöhnlich›. Hiermit erkläre ich diese Institution für weiter eröffnet als gewöhnlich.»*

Leg dich nicht mit dem Falschen an

Parlamentsneuling Parmjit Dhanda hätte eigentlich wissen können, dass Prinz Philip sich als Marinesoldat im Zweiten Weltkrieg ausgezeichnet hat. 2002 trafen die beiden im Buckingham Palace bei einem Empfang für Abgeordnete aufeinander. Der Herzog fragte den Politiker, was er gemacht habe, bevor er ins Parlament gewählt wurde. Als Dhanda antwortete, er sei Student und Gewerkschaftsfunktionär gewesen, stellte der Herzog schroff fest:

«Sie haben also nichts gemacht?»

Dhanda konterte unerschrocken: «Was haben Sie denn gemacht, bevor Sie Herzog von Edinburgh wurden?»

«Ich habe im Krieg bei der Royal Navy gedient»,

setzte ihn der Herzog stolz in Kenntnis, machte mit zwei Fingern das *Victory*-Zeichen und entfernte sich mit einem breiten Grinsen im Gesicht.

Schottische Solidarität

Im Alter von gerade mal zwölf Jahren wurde Philip in die strengste aller Privatschulen gesteckt, Gordonstoun, eine Bildungsanstalt im unwirtlichen Nordosten Schottlands, die für ihre harschen Methoden bekannt ist. Als er dann 1953 zum Kanzler der University of Edinburgh berufen wurde, vertraute er in seiner Antrittsrede dem Publikum seine eigenen Erfahrungen mit der schottischen Erziehungsphilosophie an:

«Eigentlich kann nur ein Schotte das schottische Bildungssystem überleben.»

Geldfluss

Bei all den verbalen Entgleisungen gibt es ein Wort, das man aus dem unfallträchtigen Mund des Herzogs niemals hören wird: «Sozialismus». Es ist nicht auszuschließen, dass schon das fortgesetzte Nachdenken über eine linksgerichtete Politik Philips königlichen Schädel brummen lassen würde. So waren auch seine Aussagen über die britische Steuerquote im Jahr 1963 eher konservativer Natur:

«Heutzutage scheint alles Geld, das erwirtschaftet wird,

mit einem natürlichen Drang ausgestattet zu sein, sich in Richtung Finanzamt zu bewegen.»

Wir sind die Roboter

Prinz Philip ist nicht eben als Techniknarr bekannt. Insofern war sein flapsiger Kommentar, als er 2000 im Londoner Science Museum den Zusammenstoß zweier Roboter beobachtete, sicherlich eher seiner bekannten Vorliebe für frivolen Humor geschuldet:

«Die paaren sich doch nicht etwa, oder?»

We Are the Champions

Philip war in seiner Jugend ein leidenschaftlicher Polospieler und in den 1970er Jahren ein Pionier des Fahrens mit Pferdekutschen als Sport. Fußball dagegen konnte ihn, abgesehen von gelegentlichen Pflichtterminen beim *Cup Final* im Wembley-Stadion, nie so richtig fesseln. Vielleicht verstand er also ganz einfach nicht den ideellen Wert der glänzenden Pokale für den durchschnittlichen Fußballfan, als er im Jahr 1999 den Trophäenschrank beim Fußballclub Nottingham Forest besichtigte:

«Ich vermute, ich würde Ärger bekommen, wenn ich das alles einschmelzen würde.»

Nur Fliegen ist schöner

Wer eine dumme Frage stellt, bekommt eine dumme Antwort – und wer Prinz Philip fragt, bekommt noch Zinsen obendrauf. Das musste auch der Bedienstete eines Regionalflughafens erkennen, der von ihm wissen wollte: «Wie war der Flug, Eure Königliche Hoheit?» Philip antwortete trocken:

«Sind Sie schon einmal mit einem Flugzeug geflogen?»

Der Bedienstete antwortete: «Oh ja, Sir, schon oft.»

«Nun»,

sagte Philip,

«genau so war es.»

Dank

Dank an: Mike Jones, dessen Idee es war, dieses Buch zu machen; Jo Edgecombe für die herstellerische Betreuung; meine Mama für exzellente Ratschläge; und *last not least* Prinz Philip, den Herzog von Edinburgh, für die Bereitstellung des Materials.